二〇一四年湖北省學術著作出版專項資金資助項目
二〇一六年國家社科基金重大攻關項目「日本《十三經注疏》文獻集成」
階段性成果（項目編號：16ZDA109）

湖北省学术著作出版专项资金
Hubei Special Funds for Academic Publications

東亞漢籍研究叢刊

春秋左氏傳賈服注攟逸

[日]重澤俊郎 著

長江出版傳媒
崇文書局

圖書在版編目（CIP）數據

春秋董氏傳 ; 左傳賈服注攟逸 /（日）重澤俊郎輯 .
—武漢 : 崇文書局, 2018.12
ISBN 978-7-5403-5007-9

Ⅰ . ①春…
Ⅱ . ①重…
Ⅲ . ①董仲舒（前 179 - 前 104）－哲學思想－文集②賈逵（30-101）－哲學思想－文集③服虔－哲學思想－文集
Ⅳ . ① B234.5-53 ② B234.99-53

中國版本圖書館 CIP 數據核字 (2018) 第 116408 號

春秋董氏傳　左傳賈服注攟逸

特約編輯　喬秀岩
責任編輯　李艷麗
責任校對　董　穎
責任印刷　田偉根

出版發行　長江出版傳媒｜崇文書局
地　　址　武漢市雄楚大街 268 號 C 座 11 層
電　　話　(027)87293001　郵政編碼　430070
印　　刷　武漢市金港彩印有限公司
開　　本　880mm×1230mm　1/32
印　　張　14.5
字　　數　245 千
版　　次　2018 年 12 月第 1 版
印　　次　2018 年 12 月第 1 次印刷
定　　價　180.00 圓

目録

左傳賈服注攟逸

春秋董氏傳、左傳賈服注攟逸解題

池田秀三

本書收録重澤俊郎編春秋董氏傳、左傳賈服注攟逸兩篇。

一、重澤俊郎的春秋學研究

重澤俊郎一九〇六年生於東京都。在京都帝國大學文學部攻讀「支那哲學史」專業，師事小島祐馬，一九三二年畢業。經東方文化學院京都研究所助手、第三高等學校教授，一九四二年任京都帝國大學（一九四七年改稱京都大學）文學部助教授，一九五〇年升爲教授，擔任「中國哲學史」講座。一九七〇年退休之後，寫作不倦，著有多部介紹中國哲學的普及讀物，一九九〇年逝世，享年八十四。

重澤的研究領域很廣泛，不僅涉及經學、儒學、諸子學、歷史學諸學科，時代上更横跨有先秦、兩漢、六朝、唐、宋、清，幾乎涵蓋中國古代。而其治學一貫以先秦、漢代的經學、儒學爲核心，經學之中尤重春秋學。早期發表的論著大部分都以春秋學爲主題①，儼如一位春秋學專家，而他對春秋學的强烈興趣，直至晚年無所衰減，不妨認爲春秋學就是重澤畢生追究的主要課題。

在此有必要説明，重澤春秋學的性質與傳統春秋學截然不同。重澤的主要目標不在闡明經傳原義，更没有尊奉「春秋之義」的意思。他想要闡明的是春秋學的思想史意義，即春秋學説在如何的社會歷史環境下逐漸形成，又如何反過來影響社會思潮，尤其是政治思想。關注社會環境，從歷史的角度探討春秋學的思想意義，這種社會思想史的探究方法形成重澤春秋學的特色，但并非局限於春秋學，而是貫穿他整個中國哲學史研究的基本特色。他的社會思想史研究固然繼承乃師小島祐馬的學風，但同時也是重澤自覺選擇的方向。若欲一言以蔽之，重澤的學風與乃師相同，就是「社會思想史研究」。代表作周漢思想研究（弘文堂書房，一九四三年）、原始儒家思想與經學（岩波書店，一九四九年）、中國哲學史研究——唯心主義與唯物主義的抗争史（法律文化社，一九六四年）莫不以社會思想史研究的方法貫穿到底。然而，重澤後期認同馬克思主義，在侯外廬等撰中國思想通史的影響下，傾心於唯物史觀的哲學史研究。故中國哲學史研究拘泥於將所有思想、學説二分爲唯心主義與唯物主義的教條，不可否認所論較前二部僵化。就春秋學而言，基於「春秋學全然是唯心主義」的認定，將左氏、公羊之争論視爲統治階級内部矛盾的表現，又如「三科九旨」早年認爲是一種進步史觀，曾給予一定的積極評價，至此乃論斷爲簡單的循環論②。

以上，介紹重澤研究春秋學的大致情況。如果有讀者認爲重澤的春秋學研究純粹屬於理論方面的討論，那只能説是筆者敘述笨拙的結果。重澤固然重視理論性探討，但不是純粹討論理論問題，絶非玩弄空虚理論，而其討論以精密的解讀與細緻的考據爲基礎。重澤治學的基礎其實在文獻實證主義，其文獻學功力堪稱深厚。尤其在早期論考中，文獻考證的篇幅過半，學術水平極高。本書所收兩篇均屬早期作品，充分體現重澤高超的文獻學功力，其學術價值至今絲毫未減。此所以本叢刊首先選擇此兩篇，影印發行，供今日學者參考之理由。

二、春秋董氏傳簡介

上述周漢思想研究中有董仲舒研究一篇，春秋董氏傳作爲周漢思想研究之附録發表。今不擬評論董仲舒研究，然其内容自然以董仲舒的春秋學與災異説爲主要討論對象，爲便討論乃編此董氏傳。本篇内容、體例及編纂目的，皆見於重澤自己的「例言」，今移録「例言」全文如下：

本篇輯録董仲舒言辭中可視爲直接解釋春秋經者，將其分繫相應經文之下。

董仲舒著作，固非所以直接解釋經文，如春秋諸傳。而今視爲一傳，則或以爲不妥。然本人深信此等内容就其實質而言，完全足以立爲春秋一傳。

既認其內容如此，則將其與經文並列條舉，以便學者省覽，未必無意義。何況董氏春秋說可與公羊傳、緯書、何休說並列，皆爲研究兩漢公羊思想所不可缺。此本篇之所以作。

基於董氏著作之性質，將其直接繫於經文，作爲傳文，不免或有語句不足、措辭不當之處。然本篇除非迫不得已，皆徑錄原文。又，亦有不少行文以公羊傳文爲前提之處。此等情況，仍盡量回避以意增改字句，不怕文義稍晦之失。此皆出於本篇保留原文原貌之志願。

董氏遺文之符合本篇要求者，當不外於春秋繁露與漢書。春秋繁露本篇皆據蘇輿義證本，其文字偶失妥，則改字并出注說明。

可見，本篇以董仲舒有關春秋經之言論視爲對春秋的解釋，彙編成「傳」的形式③。

主要資料如「例言」所記，即春秋繁露與漢書（董仲舒傳，尤其俗稱「天人三策」，還有五行志所見「董仲舒說」）。

「天人三策」及五行志所見「董仲舒說」基本可以認定爲董仲舒的著作或主張④，而春秋繁露或有不宜徑視爲董仲舒所作的疑慮。衆所周知，程大昌以來至今，不少人懷疑春秋繁露爲僞書，今本春秋繁露未必全出董仲舒之筆，幾乎是今日公論。對此，重澤說「今本繁露當由漢書所謂『百二十三篇』

『數十篇』⑤之一部分混合而成，因『蕃露』名美，遂以爲全書之名，如此推測較爲穩妥。」「今本內容的基本定形，當在六朝初期。」（一五三頁）是將春秋繁露全書視爲董仲舒所作。對此，客觀的評論應該要認爲重澤的結論在文獻鑑別方面不夠嚴謹。但是，精確辨別春秋繁露諸篇的真僞幾乎不可能，以春秋繁露全書視爲董仲舒所作的觀點也沒有被完全否定⑥。又，本篇所引大都是王道、玉英、精華、竹林等董仲舒真作的可能性較高的部分，將這些內容視爲董仲舒的春秋說，可以說沒有任何實質性問題。本篇本來是研究董氏春秋說以及漢代春秋公羊說的工具書而已，并非可據討論的材料。若欲真正深入研究，自然需要核查第一手資料的原書，而鑑別文獻資料的可靠性，也是每位研究者不可推卸的責任。在這意義上，本篇與其他各種輯佚書沒有任何區別。作爲一種輯佚書⑦，本篇輯録內容豐富，認定每條董說所繫經文的判斷穩當，句讀精確，質量上乘，作爲研究董仲舒春秋學的參考，實屬難得⑧。

三、左傳賈服注攟逸簡評

此書一九三六年七月由東方文化學院京都研究所作爲「研究報告」第八册出版⑨。如上所述，重澤在這段時間，專心研究春秋學。重澤的春秋學研究涵蓋三傳，而主要精力似乎投入到左氏學，故其論考以左氏學居多，又在出版本書之前，也出版了左傳人名地名索引（與佐藤匡玄合編，弘文堂書房，一九三五年)⑩。重澤傾心左傳，恐怕基於他終生持續對史學强烈的關注。

本書如其名，是輯録東漢賈逵、服虔左傳注的佚文，是真正的輯佚書，在這一點上與春秋董氏傳不同。衆所周知，在清朝考據學當中，輯佚形成一個重要領域，無論今古文，都很盛行輯編佚書，而漢學派出於對東漢古文學的尊崇，尤致力於彰顯其遺説。左傳賈、服注是其主要對象之一，故有多種輯佚書問世。本書承其後而作，所以本稿主要任務即在説明本書較之前同類輯佚書有如何不同的特色。在討論問題之前，先介紹賈、服注的基本情況。

賈逵注正式名稱叫春秋左氏解詁(隋書經籍志)⑪，據説原書三十篇(卷)⑫。賈逵字景伯，扶風平陵人。官至侍中，故有「賈侍中」之稱。是東漢古文學的領導者，在白虎觀論議時，他幾乎獨力擔任主張古文學立場的角色，許慎、馬融等古文學代表性學者均屬賈逵的學統。遍通五經，而傳乃父賈徽(從劉歆受左氏春秋，作左氏條例二十一篇)之業，尤深明於左傳。批評公羊學之多權變，主張左傳乃「君臣之正義，父子之紀綱」，「深於君父大義」，致力於振興左氏學。因此春秋左氏解詁可謂賈逵學問的精華所在⑬。服虔注的正式名稱叫春秋左氏傳解誼(隋書經籍志)⑭，三十卷⑮。服虔字子慎，河南滎陽人。中平末(一八九年前後)任九江太守，辭官遇亂客死異鄉。有賦、碑、誄、書記、連珠、九憤等十餘篇，生平行迹可知者不過如此，而其傳(後漢書儒林下)稱「作春秋左氏傳解，行之至今。又以左傳駁何休之所駁漢事六十條」⑯，可見其作爲左氏學大家，當時即有名，所著春秋左氏傳解誼長久盛行。

隋書經籍志亦云「後學三傳通講，而左氏唯傳服義」，據魏書儒林傳、北史儒林傳⑰，知北朝特重服注，並以爲標準解釋。服氏注解經常引用賈逵、鄭衆（文公十一年疏、宣公二年疏、襄公二十二年及二十三年疏）、馬融（文公十一年疏）、彭仲博（襄公十九年疏）、許惠卿（昭公七年疏）諸儒之説，推想其體例兼録先儒注解，附加已見，如鄭玄周禮注⑱、韋昭國語解⑲然。左傳正義並稱「賈、服」者隨處可見，衆多先儒當中，服虔特重賈逵，尤多依據、踏襲賈逵説，不待論證而自明。

據隋書經籍志，賈、服注至曹魏時期才開始行世，尤其服注作爲權威注釋，與杜預注並行。入隋，杜注獨盛，賈、服學説漸趨衰亡，幾乎没有傳習者。但今思賈、服注衰亡的根本原因，當在春秋正義擇取杜預注作爲標準注釋。雖然如此，新舊唐志仍見著録，則賈、服注至唐末仍有傳本，當無疑問。又，太平御覽並引賈、服注，則趙宋初期恐仍有其本。（考慮到崇文總目不見著録，太平御覽引文未必皆直接據原書，則不能完全否定賈、服注如同其他多種文獻，在五代時期散逸的可能性。）

以上，簡單介紹賈、服注基本的文獻情況。下面要進入正題⑳。

如上文所述，清代出現多種賈、服注輯佚書。計有余蕭客古經解鉤沈、王謨漢魏遺書鈔、袁鈞鄭氏佚書㉑、嚴蔚春秋内傳古注輯存、洪亮吉春秋左傳詁、李貽德左傳賈服注輯述、馬國翰玉函山房輯佚書、黄奭漢學堂經解㉒、沈豫左傳服注存。重澤列舉「參考輯佚賈服注姓氏」，包括所有右列輯佚書㉓。可見重澤并非獨立完成輯佚賈、服注的工作，而是依據先人成果，對其進行修訂增補，編成新的輯佚書。這是事理當然，就算重澤精通左氏學，也不可能一切從零開始，獨力完成。

對於這些已有成果，看來重澤并不是平均參考，筆者認爲他以李貽德左傳賈服注輯述（以下簡稱「輯述」）爲自己工作的底本。輯録範圍基本限定爲賈、服注，又不分别輯録賈逵注與服虔注，而是采用並録兩者的基本體例，只有輯述與重澤書一致。古經解鈎沈、春秋内傳古注輯存、春秋左傳詁都包含賈、服以外的漢儒注，而鄭氏佚書、左傳服注存則僅録服虔注，没有賈逵注。漢魏遺書鈔、玉函山房輯佚書、漢學堂經解分别輯録賈逵注與服虔注，若據以爲底本，則需拆分每一條兩家注文，重新合編成並録賈、服的形式，頗費事，不如直接用並録賈、服的左傳賈服注輯述，加以修訂的現實合理。

此外，就輯佚的完美程度而言，筆者認爲還是輯述勝於諸家。古經解鈎沈本有序録云：「蕭客初稿以各經注疏、周易集解所載舊注爲主。後因何晏、孔穎達、李鼎祚徵引繁多，更以注疏、集解未載者爲主。其客主之辨，諸書則每見輒録，注疏、集解則但備一家及精義要言，什一二而已。」是故意不輯録孔疏本條引用的賈、服注文。這固然不失爲一種方法，但作爲輯佚書自然不完備。漢魏遺書鈔本有頗多漏收條目，也有不少譌誤[24]。

玉函山房輯佚書本，論其輯録條目數量，頗爲可觀，而其鑑别引文及分繫經文，經常不夠精審[25]。例如左傳開頭「惠公元妃孟子，孟子卒」，從正義輯録服注「嫌與惠公俱卒，故重言，下仲子亦然」。案據文理，又考慮下文「宋文公生仲子，仲子生而有文在其手」孔疏有云「傳重言仲子生者，詳言之，與上重言『孟子卒』，其義同也」，知「下仲子亦然」當視爲孔疏自説較屬妥善。又如「鄭，東鄭，古鄶國之地」（毛詩鄭譜疏引「服虔云」）繫於隱公元年傳「初，鄭武公娶於申，曰武姜」下，其實應該繫於襄公二十九年傳「爲之歌鄭」之下。

鄭氏佚書，考證周詳，整體而言，是一部相當出色的輯佚書，對春秋傳服氏注的考證也有不少可觀的見解。然而分繫經文、鑑別引文方面，則表現與馬氏一樣的問題。例如「惠公元妃孟子，孟子卒」的服注，犯了與馬氏同樣的錯誤。又如「不稱主人，母命不通，故稱使[26]。婦人無外事。」（儀禮士昏禮記疏引「服注」）繫於隱公二年「紀裂繻來逆女，卿爲君逆也」，是失誤，應該繫於成公八年「宋公使公孫壽來納幣」之下。（袁氏不分經之與傳。）至於漢學堂經解本，實不足論。該書賈、服注皆照抄漢魏遺書鈔而已，是「剽竊」[27]之作。

上述可見，輯佚賈、服注諸書或多或少都有問題，而輯述較其餘諸本，無論在輯録條目之詳備、分繫經文、鑑別引文哪一方面，都要出色。輯録條目或有同樣豐富的，而在分繫經文、鑑別引文兩方面，輯述遠勝於其餘諸家輯本。（分繫經文、鑑別引文方面，春秋左傳詁亦極其精善。因非專録賈服注，此不詳論。）當然，輯述也并不完美，仍有一些遺漏和失誤，如見下文介紹。雖然筆者尚未細查春秋内傳古注輯存、左傳服注存兩書，或不宜冒然斷定爲最善，但仍應可謂衆多賈、服注輯本中首屈一指之佳構。

楊鍾羲氏曾云：「賈、服二家注與經傳史子符合者，一一溯其源委，搜採至博，抉擇尤慎。……國朝以來，爲春秋左氏學者，多昌言古注，而發明精博無過此書。」（春秋左氏傳賈服注輯述提要）[28]孫啓治、陳建華氏稱讚云：「是書采摭賈逵、服虔佚注，較前人所輯爲備，取捨尤爲審慎。附以疏證，糾注文之訛誤，通文字之詁訓，於天文、地輿及名物制度，皆詳加徵引以通注義，最爲贍詳。賈、服注輯本，以此書爲善。」[29]沈玉成也斷定輯佚賈、服注，輯述最善[30]。觀諸家評論，可知筆者對輯述的高度評價也非偏心之論。[31]

如上所論，輯述在既有輯佚賈、服注諸本之中，綜合來看是最好的，所以重澤據輯述爲底本，也是合理的選擇。問題是，輯述既然如此出色，重澤又何必屋下架屋，重編一部？在討論這一問題之前，此先介紹重澤這部書的體例特點。

重澤這部書體例上有一特點，即賈、服文與賈、服義的區分。凡例云「書中引成文者，題曰『某曰』。不引成文，取義爲文者，題曰『某義』。」換言之，正義等引用明稱「賈逵云」「服虔曰」，輯本亦標「賈曰」「服曰」；正義等稱「賈逵以某爲某」「賈、服以爲」等，輯本則標「賈義」「賈、服義」。輯佚書的通例，不分「曰」與「義」，「某以爲」輯本亦稱「某曰」，輯述亦然。因此，區分「曰」與「義」，可謂重澤獨創的體例。儘管筆者個人并不覺得有必要如此嚴格區分，但區分自然也不是壞事，如此區分，不待核查原書都能猜想原書引用的形式，也算便利，因此可以給予積極的評價。（本稿下文凡稱「賈注」「服注」者，皆重澤標稱「賈曰」「服曰」之條文。）

重澤輯本體例方面值得介紹的另一特點是，重複輯録異文，不厭其煩。經常看到内容相同的多條佚文，可以推測爲同出一文，而字詞有所出入而已。輯佚書通常揭録其中最有代表性的一條（往往是最長的一條），其他諸條僅注「見某書」「某書作某」等。引文很短，則徑行忽略，也非罕見情況。重澤輯本與此不同，即使幾乎同文，僅有小小出入，也要重複並録全文。例如隱公三年傳「潢、汙、行潦之水」賈注，重澤並録「畜小水謂之潢。水不流謂之汙。行潦，道路之水。」（本疏）與「蓄小水謂之潢。不洩謂之汙。」（文選卷四五揚子雲[32]答賓戲注）兩條。又如桓公二年傳「三辰」服注，並録「三辰，日月星也」（詩大明疏）與「三辰，謂日月星」（儀禮覲禮「天子乘龍」疏）兩條。輯述於隱公三年，僅録本疏所引[33]；於桓公二年，以詩大明疏爲據，并注「儀禮覲禮略同」。順便再看袁氏輯本，則隱公三年録本疏所引，附考證云「文選班固答賓戲注引前二句，『水不流』作『不洩』」；桓公二年録大明疏所引[34]，又録「旂旗，九旂之總名」一條，下附考證云「覲禮疏上承『三辰謂日月星』六字」。如果要自己編纂輯佚書，筆者會選擇袁氏的體例。但采用並録形式的輯佚書也不少見，如陳壽祺輯尚書大傳等，并不是説並録就有問題。這一點并不涉及輯佚質量，不過是單純的形式異同[35]。

回到主題，要討論重澤爲何不避床上叠床，重新編纂輯佚賈、服注的書。答案自然是因爲即便遠勝諸家的輯述，仍然有遺漏和失誤，重澤想要加以補正，編成更完美的輯本。那麽，具體有什麽遺漏、失誤呢？重澤自序云：

清乾嘉之際，經學昌明，繼踵兩漢。積學之士，深痛古義堙滅，博搜朽殘，輯佚之業於是乎起。其於左氏，謂非賈、服不足以闡經傳精義，上自五經正義、史記集解，下至水經、文選注，發隱鈎沈，似無餘蘊。然平心而論，亦有三失：春秋釋例多收劉、賈舊説，而前輩遺之，是爲一失。周官疏引左氏注不題其名氏，而稽諸元凱多不相合。考舊唐書賈公彦本傳，夙治北學，則知其於二家深矣。分别取之，未必爲濫，清儒不然，是爲二失。太平御覽所録左氏注，往往與杜異，而既脱姓氏，其誰擬之。御覽成於宋初，經籍之於當時者，賈、服以外，應多注左之書。欲從其豐，則薰蕕並采；欲從其省，則玉石俱焚。先人不復分别，雜取以爲賈、服，是爲三失。又，我國舊傳玉燭寶典，多載服義，補輯之責，其在我輩。於是喟然長息，披群籍而覓隋珠於蚌蛤，稽先儒以求折中於至善。所得者凡一千六百餘條，其增多先儒者一百七十餘條，正先儒之誤者一百一十餘條，分爲十有三卷。

自序列舉本書補正之要點有四，下面依次觀察具體情況。首先是據春秋釋例（以下簡稱「釋例」）補輯劉歆、賈逵舊説。例如隱公元年經「三月，公及邾儀父盟於蔑」，從釋例及會例補録「賈義」曰

「劉、賈、許、潁濫以經諸『及』字爲義」㊱； 隱公十一年經「冬十有一月壬辰，公薨」，從釋例弔贈葬例補録賈注「賈曰，君弑不葬，賊不討也」； 莊公三年經「冬，公次於滑」，從釋例書次例補録「賈義」曰「賈氏皆以爲善次」。凡此等輯述皆失録，重澤補輯頗有價值。然輯述亦非不用釋例。如隱公元年經「九月，公及宋人盟於滑」，輯録賈注「盟載詳者日月備，易者日月略」（釋例大夫卒例）等，輯述據釋例采録者凡十多條。又，輯述也有采用釋例引文而注記出處不稱釋例的情況。如莊公三年經「秋，紀季以酅入於齊」，輯述録賈注：「賈曰：紀季以酅奔齊。不言叛，不能專酅也。」下注出處稱「本疏」。此實釋例書叛例文，而輯述不稱釋例而稱「本疏」。爲什麽呢？這就關係到今本釋例的流傳問題。

衆所周知，今本春秋釋例（今日通行版本是古經解彙函本，是據聚珍版翻刻的。重澤所據當亦古經解彙函本）是從永樂大典復原的。永樂大典所闕的部分，用左傳正義所引佚文補録。書叛例屬於補録部分。李貽德輯述的原則，從補録部分輯録則出處稱「本疏」，從永樂大典原有部分輯録則出處稱「釋例」。重澤與李氏不同，不分兩種情況，出處一律稱「釋例」爲原則。（兩人亦非完全貫徹自己的原則。如莊公十二年經「宋萬弑其君捷」賈注「未賜族」，李氏注出處云「本疏引釋例氏族例」； 桓公十七年經「癸巳，葬蔡桓侯」賈注「桓卒而季歸，無臣子之辭也」，重澤注出處不稱「釋例弔贈葬例」而稱「本疏」，與李氏同——儘管弔贈葬例在永樂大典存卷之中。）就基本道理而言，應當注明最原本的出處爲宜，從這一點來説，李氏的處理方法相對更妥。筆者認爲，正義引釋例則稱

「本疏引釋例某例」，如李氏輯述於莊公十二年所注；既見永樂大典，亦見正義引，則稱「某某疏。又釋例某例」，應該最合宜。照此規則，止稱「釋例某篇」者乃見於永樂大典的釋例所引，不言可知。

右所論稍嫌瑣細，但注記出處是輯佚書最重要的體例之一，所以敢爲縷述。要之，重澤注記出處，稍有可議之處，而全書補録輯述失收的釋例引文近三十條，應該要算本書重要貢獻之一。

在討論重澤補正的第二要點之前，就從釋例補録佚文的情況，還有一點要補充説明。重澤爲什麼特別重視從釋例的補録，將其列爲第一要點？我們應該在自序「春秋釋例多收劉、賈舊説」一句中，體會出重澤的考慮。這裏連帶舉出劉歆，是因爲漢代左氏學的源頭在劉歆，討論左氏傳解詁的特色和學術意義，自然也要討論到劉歆。不只是劉歆，若欲理解賈逵、服虔左氏學的内涵，還需關注東漢一代所有左氏學者的學説。這就是重澤不僅輯録賈、服説，同時努力輯録其他漢儒的左氏説，甚至不知名的「先儒義」㊲都要盡量輯録的原因。漢儒學説自然互有異同，也有不少一致之處。筆者以爲，後者情況似乎更多，尤其在義例説方面，漢代諸儒所論往往一致。正因如此，主張「非例」的杜預才有必要那麽執著地批評漢儒義例説。這樣看來，重澤並録賈、服以外漢儒説，可謂卓識。這裏也有一個可議的問題，重澤輯録諸儒「義」，如云「劉、賈、許、穎濫以經諸『及』字爲義」（見上），又如隱公元年經「天王使宰咺來歸惠公、仲子之賵」下録「許慎、服虔等依京師曰王，夷狄曰天子」（禮記曲禮下「君天下曰天子」疏），皆直接移録諸儒名氏，而其輯録注文，則如「賈曰，桓卒而季歸，無臣之辭也」（見上），僅舉賈一人之名氏。按釋例原文作「劉、賈、許曰」，今輯録作「賈曰」，不言「劉」「許」，則不便瞭解劉歆、許慎皆同説的情況。既然有意要盡量多采録漢儒舊説，似應直接照録作「劉、賈、許曰」才算合理。

重澤補正的第二要點是，賈公彦周官疏所引無名氏左傳注中，選録了很可能是賈、服説的内容。重澤考慮到這些注文注義大都與杜預注不合，而且賈公彦修北學，素通賈、服二家之學，所以如此處理。以莊公四年傳「授師孑焉」下輯録考工記冶氏「是故倨句外博」疏引「孑，句孑」爲首例，全書一共輯録三十條（其中包括一條輯自儀禮疏）。今觀重澤有附按語的數條，其作爲賈、服注佚文的可能性很高，可以理解重澤「分别取之，未必爲濫」的自負也有理由。不過，這些引文包括這數條畢竟都不記名氏，自然無法斷定爲賈、服注。重澤當然也知道這個道理，所以收録「附篇」，以示慎重。盡量多收有可能的佚文，是輯佚的基本原則㊳，重澤的處理自然是妥當的。

重澤補正的第三要點是，太平御覽引文的處理。太平御覽明確標名爲賈、服注的引文要輯入正篇，没有標明名氏的引文要輯入附篇。例如太平御覽卷五五三曰：「（左傳隱公）又曰，元年冬十月庚申，改葬惠公。賈逵曰：改葬，改備禮也。葬嗣君之事，公不臨。言無恩。禮曰，改葬，緦也。公弗臨，故不書。惠公之薨也，有宋師，太子少，葬故有闕，是以改葬。言是以明禮闕故也。」㊴前注有「賈逵曰」，可確定爲賈逵注，故入正篇；後注無「賈逵曰」三字，故入附篇。附篇收録太平御覽引文多達九十條，引文皆無賈逵、服虔之名。這種處理，原則上自然没有問題，但有時未免有過於保守之嫌。（如右引御覽卷五五三所引，是一段經注，上下連貫，則後注「言是以明禮闕故也」也不妨視爲賈逵注文。李氏輯述即作爲賈注處理㊵。）

重澤補正第四個要點是從玉燭寶典的補輯，是重澤特别重視的部分。桓公五年傳「啓蟄而郊」下，輯録服注「啓蟄者，謂正月陽氣始達，發土開蟄，農事始作。故郊祀后稷以配天祈農。」爲其首例，全書共收録二十條（賈注二條，服注十八條。另外，從慧琳一切經音義、五行大義也都有補輯各一條。）玉燭寶典是所謂「本邦（日本）殘存典籍」（中國已佚，留存在日本的中國古文獻）之一，因其中保存大量重要古佚文獻的引文，如蔡邕月令章句等而著名。换言之，這是對輯佚學極其重要的一部典籍。又，「殘存典籍」也有皇侃論語義疏、五行大義、群書治要等，清代重新進口到中國，在嘉慶年間已經爲學界所用。玉燭寶典則直至清末黎庶昌收録古逸叢書加以介紹，才爲學界所知，所以清朝輯佚學者都未能利用，李貽德自然也没有參考。因此，從玉燭寶典輯録的條目都是重澤輯本獨家的内容，可以算本書最大的貢獻所在㊶。

以上，大致介紹左傳賈服注攟逸作爲輯佚書的基本特色。然而重澤對輯述的補充修訂，除此之外還有幾點，下面要繼續介紹。如上所見，重澤自序云「增多先儒者一百七十餘條，正先儒之誤者一百一十餘條」，稱「先儒」，則其補訂對象應該不限於李氏輯述一家。然筆者無力一一檢查所有

「先儒」輯本，在此僅就重澤補訂輯述的情況，做基本的分析。

自序所述以外的補訂第一種情況是，對引文出處的訂正及補充。訂正的情況如僖公三十三年傳「文夫人歛而葬之郇城之下」服注「郇城，故郇國之墟」，輯述稱「詩緇衣疏」，其實應該稱「詩鄭譜疏」。但輯述犯這種單純失誤的情況很少，筆者目前只注意到這一處㊷。相反，都有輯述不誤，重澤失誤的情況。如僖公二十二年傳「寡君之使婢子侍執巾櫛」服注出晉世家集解，重澤誤作「索隱」。補充的例子如隱公元年傳「不及黃泉無相見也」服注「天玄地黃，泉在地中，故言黃泉」的出處，除了史記鄭世家注、文選繆熙伯挽歌詩注之外，增加了文選卷二九古詩十九首注及卷四八揚子雲劇秦美新注。但訂正、補充引文出處的情況極少見，而且袁鈞已經做過了，不能説是重澤自己的發現。筆者覺得作爲重澤的貢獻更值得介紹的是出處的詳細説明。包括輯述在内，以往的輯佚書注記正義、注疏所引，大都僅言篇名，如曰「禮記王制疏（正義）」、「儀禮覲禮疏」；重澤則詳細説明到章節，如云「儀禮覲禮『侯氏升致命』疏」（隱公七年傳「戎朝於周，發幣於公卿，凡伯弗賓」服注）。這種表述恐怕不符合古典學的傳統習慣，但像我這種缺乏古典教養的人感到非常方便，所以在此特别介紹。

自序所述以外的補訂第二種情況是對輯録文本的校正。如隱公三年傳「東宮得臣之妹」服注「得臣，齊世子名，居東宮」（詩碩人疏），重澤改「世子」作「大子」；又如襄公二十九年傳「爲之歌小雅」服注「自鹿鳴至菁菁者莪，道文武，修小政，定大亂，致太平，樂且有儀，是謂正小雅」（詩小大雅譜疏），重澤改「修」作「脩」，改「謂」作「爲」。後一處校改，符合南宋單疏本，算有一定的意義，但前一處則頗可疑，因爲有些版本如殿本確實作「世子」。重澤所據似乎是阮刻本，但阮刻本未必都正確。（其實，阮刻本作「太子」，不作「大子」。又，此兩處阮氏校勘記均無説。）不客氣地説，重澤對輯録文本的校正，往往有不夠嚴謹的地方——時常看到排版錯字及脱掉「也」「之」等助字等情況，但現在不再介紹具體例子，以免繁上加繁。重澤也有「（『今』，）毛本作『令』，似是也」（文公十一年「皇父之二子死焉」服義）等按語，可以瞭解重澤有參考多種版本，也有留意文本的校勘。但總體來看，仍然不免令人懷疑重澤恐怕有「用阮刻本應該不會有大問題」的輕易思想。重澤不覺得有必要特別説明輯録注疏引文的底本是阮刻本，恐怕也出於這種思想。筆者認爲，既然有意編纂輯佚賈、服注的定本，那不應該一律用阮刻本，而要用每一部書的最善本，如毛詩正義用南宋刊單疏本，儀禮疏用景宋版單疏本，周禮疏用兩浙東路茶鹽司本（宋槧八行本）或單疏鈔本（船橋本）。當然，這是一種苛刻的要求，考慮到當年不像今天很容易看到影印本，而且善本往往有缺卷，則用阮刻本作爲一種妥協也算不得已的現實選擇。就實際情況而言，以阮刻本爲輯録底本，也没有發生大問題。就算如此，或者説正因如此，筆者認爲重澤還是應該要説明輯録以阮刻本爲據，同時拿其他諸本進行校勘。筆者之所以要强調輯録底本，是因爲史記注，作爲重要程度可與注疏比肩的另一個佚文淵藪，在版本方面出現較多複雜的問題。例如僖公二十三年「策名委質」服注，輯自仲尼弟子列傳索隱，輯述作「古者始仕，必先書其名於策，委死之質於君，然後爲臣。示必死節於其君也。」重澤輯本「仕」作「事」。今日學界通行的史記版本有中華書局校點本與史記會注考證（均以金陵書局本爲底本），此處皆作「仕」，與輯述同。又如宣公二年傳「宦三年矣」服注輯自晋世家集解，輯述作「宦，學仕也」，重澤輯本作「宦，官學士也」。校點本作「宦，宦學事也」，會注考證作「宦，宦學士也」，并附考證云：「集解『士』宋本作『事』，毛本作『仕』」。就此例而言，不妨認爲重澤輯本優於輯述，但無論如何，這些文本都没有辦法直接利用。要之，重澤輯録都不説明所據底本，是很不合適的。讀者利用本書，要留意上述情況，務請核對今日最善本，乃得其宜。

自序所述以外的補訂第三種情況，是從諸書的補輯。這裏不包括上文已經看過的春秋釋例、周禮疏、玉燭寶典，是利用除此之外其他文獻的補輯。筆者尚未能悉數調查，無慮有十數條。今隨機介紹二三例子，如莊公三年經「紀季以酅入於齊」，從後漢書賈逵傳補輯賈義「賈逵以爲，紀季不能兄弟同心以存國，乃背兄歸讐。書以譏之」。又如莊公十年經「秋九月，荊敗蔡師於莘」，從詩漸漸之石序疏及漢書高帝紀五年注補輯兩條賈注「秦始皇父諱楚，而改爲荊州」。「秦莊襄王名楚，故改諱荊，遂行於世」㊸。又如僖公元年經「齊師宋師曹伯次於聶北救邢」，從本疏及襄公二十三年傳「八月叔孫豹帥師救晋」疏補輯賈義「賈氏取公羊以爲説」，賈、服義「賈、服取公羊以爲説」。又如僖公三十三年傳「君之惠，不以纍臣釁鼓」，從詩斯干序疏補輯賈注「殺而以血塗鼓，謂之釁鼓」。

這些補輯，一半已見於輯述之外諸家輯本，重澤不過編入而已，而仍有一半恐怕出於重澤自己的采輯。於此可見重澤的精勤。

這些補輯，其實也不免有少數失誤。一種情況是補其不當補。例如隱公元年傳「虢叔死」，重澤從本疏補輯賈注「虢叔封西，虢仲封東」。本疏并無「賈逵曰」之文，而重澤認定此兩句爲賈注，并不是没有理由。孔疏原文作：「云虢叔封西，虢仲封東，而此云『虢叔，東虢君』者，言所滅之君字叔也。」上兩句不好理解，可以推測「云」字上奪「賈逵」二字。按僖公五年傳「虢仲、虢叔，王季之穆也」孔疏有曰：「賈逵云：虢仲封東虢，制是也；虢叔封西虢，虢公是也。」然則「虢叔封西，虢仲封東」不妨視爲節録賈注文。「虢叔封西，虢仲封東」既是賈注文句，輯録此句自然要繫於孔疏所釋傳文，更何況「虢叔」二字始見於此。今推測重澤的思路如此。然而這種思路恐怕有問題。首先，這裏傳文只見「虢叔」，與虢仲無關。其次，「而此云」這種説法，以「彼」的存在爲前提。孔疏要解釋彼處（僖公五年）賈逵注云「虢叔封西，虢仲封東」，此處（杜預注）云「虢叔，東虢君」，看似有矛盾的情況。可見「虢叔封西，虢仲封東」必須是僖公五年注（的節引），不可能是隱公元年注。重澤輯録爲隱公元年注，應該説是錯誤。

相反，也有該補失收的地方。例如隱公元年傳「無使滋蔓」，應該補輯服注「滋，益也。蔓，延也。謂無使其惡益延長也」（見玄應一切經音義卷二大般涅槃經）。又如閔公二年經「十有二月，狄入衛」，應該補輯賈注「不與夷狄得志於中國」（見詩定之方中序疏）。這兩條已見洪氏春秋左傳詁收録，應該很容易注意到，不知爲何被重澤忽略了。尤其前一條，出自玄應一切經音義，是重澤重點關注的「本邦殘存典籍」之一。有此忽略，令人替重澤可惜。

自序所述以外的補訂第四種情況，是分繫經文的調整。在這方面，重澤基本上都依從輯述，而有數處改動。例如輯自釋例弔贈葬例的「賈曰，不書奔葬，諱過也」一條，輯述繫於宣公五年經「春，公如齊。夏，公至自齊」下，是失誤。當如重澤所改，繫於宣公十年經「公如齊，五月，公至自齊」乃爲妥。也有重澤改動反而可疑的例子。輯述從穀梁傳成公八年疏輯録賈注「畿内稱王，諸夏稱天王，夷狄稱天子」，繫於隱公元年經「天王使宰咺來歸惠公、仲子之賵」下；又輯成公八年經「天子使召伯來賜公命」孔疏引賈注「諸夏稱天王，畿内曰王，夷狄曰天子。王使榮叔歸含且賵，以恩深加禮妾母，恩同畿内，故稱王。成公八年乃得賜命，與夷狄同，故稱天子。」繫於該經文下。對此，重澤將成公八年孔疏所引賈注，改繫於隱公元年。乍看兩注内容相同，似乎是一注被分別引用。若然，兩條佚文其實一注，應當統一繫於隱公元年或成公八年兩者之一。按常理，注應該在經文始見之處，自然要繫隱公元年。這樣看來，重澤將兩條佚文並録於隱公元年，看似合理。其實，重澤這種改動是多此一舉的失誤。我們看成公八年孔疏原文，自然會明白。孔疏原文在「故稱天子」之下，即云「左氏無此義，故杜不從之」。據此可知，直到「故稱天子」，全部都是賈注，是賈逵在解釋隱公元年經書「天王」，成公八年經書「天子」不同的理由。這樣看來，這條賈注與其繫於隱公元年，不如繫於成公八年更爲合理。若讓筆者整理這一情況，筆者會將兩條佚文一起放到成公八年，因爲這樣處理也可以説明這兩條很可能來自同一條注文。不過，考慮到輯佚書的通例，注釋佚文要繫於所釋詞句始見之經文，又考慮到賈逵左傳解詁好像不少地方都有同一内容先後重複出現的可能性㊹，則輯述分繫隱公元年與成公八年的處理方法，也不能貿然以爲非㊺。

講到賈注「畿内稱王，諸夏稱天王，夷狄稱天子」，這裏還要表述筆者對重澤輯本分繫佚文的重大疑問。這條賈注，如上所述，輯述與重澤輯本都繫於隱公元年，但所繫有所不同。輯述繫於經文「秋七月天王使宰咺來歸惠公、仲子之賵」，重澤輯本則繫於與此同文的傳。這種差異，不止於這一條，而是全書一貫的體例問題。凡是經與傳有同文、同詞句的情況，輯述繫於經文，重澤輯本乃繫於傳文。按常理，經在傳前，自以繫經爲正。輯述就照這種常理，原則上都繫於經。而重澤每遇經、傳同文、同詞句的情況，基本上都繫於傳。筆者猜想不到，重澤爲何采用如此違背常理的分繫方法。如果單純運用經、傳有同文、同詞句則都要繫於傳的辦法，繫於經文的只有「無傳之經」而已。重澤輯本的實際情況，幾乎是這種狀態。尤其服虔注，幾乎所有條目都繫於傳文，服注、服義單獨繫經文的只有哀公十四年一條，與賈逵並稱的「賈、服義」繫於經文的也寥寥無幾。服注究竟有没有應該繫於經文的？是有的，而且多達二十條。例如「孔子作春秋，於春每月書王，以統三王之正」，重澤不繫隱公元年經「春王正月」，而繫傳「春王周正月」；「春秋前以黜陟之法進爵爲公」，重澤不繫桓公五年經「冬州公如曹」，而繫傳「冬淳于公如曹」。筆者認爲這些服注不應該繫於傳文。這些明明是有關「書法」的解釋，自然要繫經文才適當（又，前一條服注如果是對傳文的注解，應該也要解釋傳文多出「周」字的理由）。更何況，這兩條佚文的出處是「本經疏」，就是孔疏在解釋經文時引用的。既然如此，這些佚文應該視爲該經文的注解。重澤故意改繫傳文，簡直匪夷所思。只能認爲重澤有一體例原則，凡是經、傳同文、同語，都要繫傳文，或盡量當作對傳文的注解處理。筆者不敢認同這種處理方法。當然，也要説明，這不過是形式問題，無論如何處理，對考察研究賈、服注，并没有實質影響。

自序所述以外的補訂第五種情況，是對注文的鑑别。在這方面，重澤基本上都依從輯述，很少改動。少數改動中，筆者留意到比較重要的是如下一條：文公十一年傳「皇父之二子死焉」孔疏曰：「賈逵云，皇父與穀甥、牛父三子皆死。鄭衆以爲穀甥、牛父二人死耳，皇父不死。馬融以爲皇父之二子從父在軍，爲敵所殺。名不見者，方道二子死，故得勝之。如令皆死，誰殺緣斯。服虔云，殺緣斯者，未必三子之手，士卒獲之耳。下言宋公以門賞耏班。班爲皇父御而有賞，三子不見賞，疑皆死。賈君爲近之。」輯述僅輯録賈逵注，其下按語引録孔疏引馬融説，又引「下言宋公以門賞耏班云云」，而不知爲何，没有輯録服虔注。據其引用來看，李氏似乎認爲「賈逵云」「鄭衆云」都是孔穎達的直接引用。重澤對此進行調整，作爲「服義」，輯録自「賈逵云皇父與穀甥、牛父三子皆死」以下至「賈君爲近之」的全文。筆者認同重澤的調整。（不過，這一調整不是重澤自己的發明，重澤應該是參考袁氏輯本。袁鈞將「賈逵云」以下全文輯録爲服氏解誼佚文，并改「服虔云」爲「虔謂」，附考證云：「『虔謂』本作『服虔云』，以義改也。服氏解誼，每列衆説而折衷之。疏引此注，自『賈逵云』至『賈君爲近之』，則『賈逵』已下皆解誼中所有也。孔氏易『虔謂』爲『服虔云』，隔斷，遂使原引幾不可知。賴有『賈君爲近之』一語耳。知『服虔云』當是『虔謂』者，鄭注每用『玄謂』以別衆説，漢人多然。」筆者認同全文皆解誼所有的觀點，儘管不敢支持改「服虔云」爲「虔謂」的處理。）

鑑別佚文，重澤基本依從輯述，如上述。考慮到輯述鑑別佚文相當精確，則重澤的處理也可以認爲合理。不過，輯述在這方面也不是完美無瑕，仍有一些值得商榷的地方。例如野間文史氏曾經對輯述鑑別佚文，提出兩點疑義[46]。其中一條（襄公九年傳「使皇鄖命校正出馬」服注），筆者認同輯述的鑑別，而野間氏提出的另一條問題很值得重視。莊公二十一年傳「鄭伯由是始惡於王」孔疏曰：「服虔云，鞶鑑，王后婦人之物，非所以賜有功。爵，飲酒器，王爵也。一升曰爵。爵，人之所貴者。言鄭伯以其父得賜，不如虢公，爲是始惡於王，積而成怨。僖二十四年，遂執王使。此爲彼張本。」這裏要考慮「服虔云」包含的範圍。輯述輯録至「爵，人之所貴者」，馬氏、袁氏、洪亮吉及嚴蔚都認爲至「積而成怨」爲止，王謨采録至「遂執王使」，而劉文淇春秋左氏傳舊注疏證云：「案孔疏之例，凡杜注云『爲某年某事張本』者皆無所釋，以注意已明也。今此傳引服注原文，未加删節。尋其語意相承，非疏家解注之詞。洪、嚴節去末三句，亦非也。今悉定爲服注。」劉文淇否定前人諸説，認爲整段皆服注。野間氏認爲劉氏的考證精當，并論服注往往有長段議論。鄙見認爲，至「積而成怨」或「遂執王使」爲止則不合邏輯，要麽到「爵，人之所貴者」爲止，要麽全文，只有兩種可能。這處不易判斷，令人猶豫。就筆者個人經驗，輯佚範圍的判斷失誤，多收非佚文文字的失誤遠多於誤删必要部分的失誤，所以這一處就有偏向李氏的心情。但仔細考慮内容，恐怕還是劉文淇的説法比較有道理。

以上，評論重澤左傳賈服注攟逸，主要討論作爲賈、服注輯本的體例特色。上文可見，既有諸多優點，同時也有不少訛誤、缺陷。總體來説，據以往認爲最佳的輯述爲底本，加以修訂增補的基本方法，獲得了成功，的確也有超越輯述的地方。即便説不足以爲賈、服注輯本之「最善」者，自然也要承認是研究賈、服注不可或缺的參考書。本書并非所以取代其他諸家輯本。學者仍需參考諸家輯本，尤其需要與輯述互相對照。（重澤自序云：「客或難曰：子已輯賈、服注，其與杜不同者，必迭有得失。何故不論？曰：夫二家之注，斷爛之餘耳。至其短者則寥寥數語，首尾不完。即精思好古之人，猶不能通其義，況淺陋如僕者。且夫輯蒐之業，務在網羅正文，不遺片字。若較量諸家，辨别異義，是在讀者焉。客唯唯而退。」基於這種思想，重澤輯本不附評論、考證之類文字。僅就這一點而言，足見輯述的參考價值絲毫没有減少。）拙文一直羅列本書諸多失誤、疏漏，絲毫没有貶低本書之意，而是想要説明，即便是最出色的輯佚書，絶對免不了或多或少的失誤、疏漏。世上不可能有完美無缺的輯佚書。譬言之，輯佚書猶如旅游景點的導覽示意圖，不過提示大致方向、位置而已。你要達到目的地，必須靠自己精確掌握地理情況。讀者只要明白這一道理，筆者深信，本書可以作爲後漢春秋學最佳導覽圖之一，供讀者參考利用。

附記：本稿所據左傳賈服注輯述爲皇清經解續編本，筆者未嘗核對同治五年餘姚朱氏刊本。因此，本稿敘述容有不符合朱氏刊本之處，敬請諒解。

注

①許有公羊傳疏作者時代考（支那學第六卷四號，一九三二年）、左傳鄭服異義説（東方學報京都第四册，一九三四年）、左氏春秋平議（東方學報京都第五册，一九三四年）、左傳原始（支那學第八卷三號，一九三六年）、穀梁傳的思想與漢代社會（支那學第十卷二號，一九四〇年）。其中公羊傳疏作者時代考有孫彬氏的漢譯（見中國文哲通訊第十二卷第二期，二〇〇二年），左傳鄭服異義説有石立善氏的漢譯（中國經學第二輯，二〇〇七年）。

②重澤研究春秋學的詳情，請參拙稿日本京都大學的春秋學研究之傳統（石立善譯，載臺灣東亞文明研究學刊第二卷第二期，二〇〇五年）。

③本篇專門輯録董仲舒對春秋經的解釋，故董氏對公羊傳的解釋在收録範圍外。例如春秋繁露郊事對云：「春秋曰：魯祭周公用白牡。色白，貴純也。帝牲在滌三月。牲貴肥潔而不貪其大也。凡養牲之道，務在肥潔而已。駒犢未能勝芻豢之食，莫如令食其母便。」此所謂「春秋」即公羊傳（文公十三年、宣公三年），故不爲本篇所收。

④近年福井重雅氏否定由董仲舒對策而實現「儒教國教化」的通常説法，提出「天人三策」本身出班固創作的觀點（漢代儒教的歷史研究——重新討論有關儒教官學化的定論，汲古書院，二〇〇五年），在日本研究漢代史的學者之間頗有支持者。

⑤漢書董仲舒傳云：「仲舒所著，皆明經術之意，及上疏條教，凡百二十三篇。而説春秋事得失，聞舉、玉杯、蕃露、清明、竹林之屬，復數十篇十餘萬言。皆傳於後世。」

⑥重澤的高足日原利國也是著名公羊學專家，所見與重澤一致（春秋繁露（譯注），明德出版社，一九七七年），鍾肇鵬春秋繁露考辨（春秋繁露校釋（校補本）附録七，河北人民出版社，二〇〇五年）也否定歷代懷疑僞作的説法，認爲全書皆董仲舒所作。順便介紹當今日本大多數學者對待春秋繁露的態度如此：春秋繁露的編纂出董仲舒後學之手，其中包含非董仲舒著作的部分，而整體可以代表董仲舒學派的思想；基於這種基本認識，當討論董仲舒其人的思想時，參照「天人對策」等其他資料，具體問題具體處理。另，有深川真樹從目録學的角度看春秋繁露與董仲舒的關係（汲古第六九號，二〇一六年）可參。

⑦從字義上講，本篇是輯録書，不能説是輯佚書，因爲「春秋董氏傳」并非曾經存在過的一部書（邏輯上，很難論證曾經没有存在過，但既然漢書本傳、藝文志都没有記載，只能認爲從來没有過）。既然如此，也有一個問題是，五行志所載董仲舒説是從哪裏來的？這些董説應該來自劉向洪範五行傳論。至於劉向洪範五行傳論從哪裡得到董仲舒的説法，暫且不妨認爲出自「説春秋事得失」「數十篇」或公羊董仲舒治獄（春秋決獄）。

⑧有一點可惜的是，由於輯録範圍限於春秋繁露、漢書二書，没有收録其他文獻所引若干條佚文。例如莊公

二十七年「莒慶來逆叔姬」穀梁傳范甯注云：「董仲舒曰，大夫無束脩之餽，無諸侯之交。越竟逆女，紀罪之。」這一條就不見於本篇。參見岩本憲司春秋學用語集五編（汲古書院，二〇一六年）第一七〇頁。

⑨東方文化學院京都研究所（一九二九年創立，一九三八年改稱東方文化研究所，離開學院，作爲獨立機構）對研究員定三年的研究時間，要求提交研究報告。

⑩這也是一本極其有用的工具書，閱讀左傳案頭必備。左傳裏面，同一人物以各種不同的稱呼出現，也有不少同稱異人，不容易辨認清楚。這部梳理這些異稱，非常方便。有臺灣廣文書局影印本（一九六二年）。

⑪經典釋文序録著録此書書名無「春秋」二字，應該是單純的省略。舊唐書經籍志作「春秋左氏傳解詁」。

⑫後漢書賈逵傳「尤明左氏傳、國語，爲之解詁五十一篇」，注：「左氏三十篇，國語二十一篇也。」隋書經籍志、經典釋文序録、兩唐志均作三十卷，無異辭。

⑬隋書經籍志另外著録春秋左氏長經二十卷、春秋釋訓一卷、春秋左氏經傳朱墨列一卷三書，均稱賈逵撰。其中，後二書很可能是後人從賈逵書抽出來的。

⑭日本國見在書目録同此。兩唐志無「傳」字。

⑮隋書經籍志作三十一卷，而經典釋文序録、兩唐志及日本國見在書目録均作三十卷。賈逵注亦三十卷，則當以三十卷爲正。

⑯隋書經籍志云：「梁有春秋漢議駁二卷，亡。」隋志又有春秋左氏膏肓釋痾十卷、春秋成長說九卷。現存服虔說佚文，除了左氏傳解誼之外，也有可能包含這些其他著作的佚文。但辨别這些其他著作的佚文幾乎不可

能，而且就算存在，數量應該極少，應該不必顧慮。

⑰魏書儒林傳云：「漢世，鄭玄並爲衆經注解，服虔、何休各有所説。……虔左氏春秋、休公羊傳大行於河北。」北史儒林傳云：「河北諸儒能通春秋者，並服子慎所注，亦出徐生之門。張買奴、馬敬德、邢峙、張思伯、張奉禮、張彫、劉晝、鮑長宣、王元則並得服氏之精微。」

⑱春秋左氏傳解誼似乎采用類似鄭玄周禮注的「集注」形式，吉川幸次郎春秋正義書後（收録於吉川幸次郎全集第六卷，筑摩書房，一九六八年。最早發表於一九三二年）也曾指出。

⑲文公十一年疏「服虔云……賈君爲近之」，襄公二十二年疏「服以賈爲然」，二十三年疏「服虔並載兩説，仍云賈氏近之」，皆可見服虔對賈逵説的敬重。又，這些内容令人想起韋昭國語解。韋昭依據賈逵、虞翻、唐固三家注，而稱「賈君近之」（國語周語上注），以賈逵説爲最善，服虔解誼頗似之。當然，韋昭在服虔之後，應該説韋昭模仿左氏傳解誼。但解誼僅存殘文，不如韋昭國語解的體例給人印象深刻。

⑳賈逵、服虔春秋學的性質、特點，可參程南洲東漢時代之春秋左氏學（一九七八年政治大學中國文學研究所博士論文，文津出版社發行）、沈玉成、劉寧春秋左傳學史稿第五章（江蘇古籍出版社，一九九二年）、趙伯雄春秋學史第三章（山東教育出版社，二〇〇四年）、田中麻紗巳賈逵的思想（收録於兩漢思想的研究，研文出版，一九八六年。最早發表在一九七六年）。

㉑春秋傳服氏注作爲鄭氏佚書的組成部分，是因爲袁鈞相信世説新語文學篇的著名故事。故事説，鄭玄在旅途中偶然住服虔隔壁，聽到服虔給人講解左傳，發現與自己的理解幾乎一模一樣，所以將自己撰寫的左傳注稿

送給服虔。除了袁氏，也有很多學者都相信這種故事爲事實，認爲「服注即鄭學」，「服、鄭固一家之學」。但這種故事本來就是「小説」，很難認爲是事實。孔穎達在隱公元年「同軌畢至」與襄公二十二年「子盍詰盜」下，分别都説「鄭玄、服虔皆以軌爲車轍也」，「鄭玄、服虔皆以盍爲何不也」，固然並稱鄭、服兩家，兩家也有解釋周易都用互體説等共同點。然而孔疏並稱兩家，僅此兩條，而且這兩條内容不過是非常單純的訓詁（説文云「軌，車轍也」。「盍，何不也」見禮記檀弓、論語顔淵等鄭注，或許可以認爲服虔參考過鄭注，但孔疏並稱兩家，只是因爲兩家采用同一訓詁，并不能認爲孔疏有意强調兩家學術的共同性質）。偶有一致觀點，也不能認爲是「一家之學」。杜預在訓詁及解釋人名、地名等方面，經常因襲賈、服注的説法，而不會有人認爲「杜注即賈、服學」。再説，若謂「服注即鄭學」，則服注與鄭説衝突的地方該如何解釋？重澤曾經撰左傳鄭服異義説（見注①），論證服虔注有很多地方都與鄭玄説不一致。雖然没有明確斷定，以示慎重，但重澤非常懷疑這種故事，是十分清楚的。袁鈞又有解釋説「容有小異，大指蓋不殊矣」，但像明堂這種禮學重大問題，鄭、服兩家觀點不同——鄭玄以明堂與大廟爲二，服虔認爲明堂即大廟，怎麽可能用「小異」繞過。要之，「服注即鄭學」一説無法成立，相信讀者都能認同。

㉒重澤參考書目稱「漢學堂叢書」，其實書名應該以「漢學堂經解」爲正。首冠「男澧集成」的光緒十九年第一種刻本稱「漢學堂叢書」，張之洞書目答問也著録爲「漢學堂叢書」，因而此稱一直通行。然「漢學堂」不過是經部的類名，并非叢書名。整體叢書的名稱應該以「（黄氏）逸書考」爲正，説詳民國十四年刊本王鑒序及民國三十七年刊本朱長圻序。

㉓令人遺憾，重澤没有注明所據版本。諸書版本，可參孫啓治、陳建華編古佚書輯本目録附考證（中華書局，一

九九七年）。又，參考書目今日必需添加劉文淇春秋左氏傳舊注疏證。然舊注疏證之出版問世在一九五九年（科學出版社），重澤當時自然無法看到。

㉔例如隱公十一年「夫許，太岳之胤也」下輯録「賈注」：「四岳，官名，太岳也。主四岳之祭。」然此當爲國語解詁佚文。又如隱公元年「同軌畢至」下輯録「服注」：「軌，車轍也。王者馭天下，必令車同軌，書同文云云。」然「王者馭天下」以下乃孔穎達之論。

㉕這些問題并不限於春秋左氏傳解誼，而是玉函山房輯佚書的普遍問題。利用玉函山房輯佚書時需要留意。

㉖按：此句不可通，「故」下當補「不」字。參考岩本憲司春秋學用語集續編（汲古書院，二〇一三年）第一一九至一二二頁。

㉗古佚書輯本目録（見注㉓）已經指出這一剽竊情況。另外，漢學堂經解的盧植禮記解詁也是剽竊臧庸輯本的。

㉘續修四庫全書總目提要經部下册，中華書局，一九九三年，第六九八頁。該書亦見賈逵春秋左氏傳解詁（玉函山房輯佚書本）、春秋左氏傳解誼（玉函山房輯佚書本）、春秋服氏注（鄭氏佚書本）及春秋内傳古注輯存、春秋左傳詁、春秋左傳服注存諸書的提要。春秋左氏傳解誼、春秋左傳服注存兩書提要出張壽林，餘爲楊鍾羲氏所作。張、楊兩人皆相信服注出自鄭玄，稱「世説所稱爲不謬矣」。其説不足取，如注㉑已論。

㉙古佚書輯本目録（見注㉓）第五六頁。

㉚春秋左傳學史稿（見注⑳），第一一八頁。

㉛近人輯本有伍嫣喜春秋左氏傳古注輯考（學海出版社，一九八三年）。伍氏此書分輯佚、考述兩篇，輯佚篇不僅賈、服，還廣泛輯録劉歆、鄭衆、馬融、王肅等二十家佚文千三百餘條。據其「緒言」，佚文皆出獨力搜集，則其精勤可嘉。輯録佚文皆加句讀，若其輯自正義、注疏則注記藝文印書館本頁碼，輯自史記集解則注記中華書局校點本頁碼，作爲工具書十分便利。此書亦不免鑑别佚文的不妥，句讀亦偶見失誤。又，采輯範圍基本限於正義、注疏與正史及水經注（其中又没有采用杜預春秋序正義，不知何故），其他諸書所引往往被忽略。失録春秋釋例、太平御覽（僅録一條）所見大量佚文，尤令人遺憾。參考書目既然列舉所有已刊輯佚書，而不及補録這些内容，令人不可思議。相反，也有一些濫收的情況，如將孔疏所引周禮鄭司農注當作左傳鄭衆注來收録，是明顯的失誤。

㉜「揚子雲」當作「班孟堅」，涉上文「揚子雲解嘲」而誤。

㉝輯述輯録「道路之水」，連及其下「是也」二字。按：此二字不宜録。

㉞袁氏連「日月星」下文「謂之辰者，辰，時也，日以照晝，月以照夜，星則運行於天，民得取其時節，故謂之辰也」都輯録爲注文（馬氏輯本同）。此處不易遽斷，暫且認爲「謂之辰者」以下爲孔穎達語。

㉟順便指出，桓公二年傳「三辰」服注還有一個問題。重澤輯本在這條後，接著輯録傳文「旂旗」的服注「九旂之總名」（出儀禮覲禮「天子乘龍」疏）。其實左傳原文是「三辰旂旗」，本來是一句話，既然如此，服注也不必分成兩條，不如作爲傳「三辰旂旗」的注，編成：「服曰，三辰，日月星也。旂旗，九旂之總名。」輯述的處理如此，袁氏輯本、馬氏輯本也都以「三辰旂旗」爲一句，儘管馬氏輯本失録「九旂之總名」。

㊱此句見宣公七年疏引釋例。輯本繫於隱公元年，是因爲輯本的體例原則，凡屬義例的佚文都要繫於首見處。

㊲隱公元年傳「公不與小斂，故不書日」下輯録「先儒以爲，雖以卿禮終，而不臨其喪，皆没而不書日」爲第一條，全書輯録二十餘條。（這裏包括稱「先儒曰」「諸儒」「舊説」等情況。）

㊳嚴格鑑定，僅録確定無疑者，也是一種態度，而且從學術角度看或許更正確。但若從利用輯佚書的立場考慮，輯本多收的條目，可以通過自己的調查鑑别進行删汰，而輯本没收的内容，要自己去搜訪輯録是很困難。所以輯本盡量多收佚文，無疑更便於利用。

㊴今不知重澤所據何本。按常情推測，應該是四部叢刊三編所收宋蜀刊本，但重澤這條録文只有後半部分與四部叢刊三編本一致，而四部叢刊三編本前半部分作「禮曰改葬微細也」，與重澤録文不合。（輯述前半部分作「禮曰改葬緦也」，後半部分作「言事以明禮闕之故」。李貽德也没有説明所據版本，而襄公十九年傳「廢常不祥」下，從御覽卷一六四輯録服注「立長爲常，立而廢之爲不祥也」，并加按語，以明刻本爲非，以鮑刻本爲是，是其主據鮑刻本可知）。重澤在此出校記云「緦，一本作細」，「是，一本作事」，可見其參照諸本，有所校訂，而且校定結果穩當。儘管如此，還是應該明示所據版本乃可。

㊵再舉一個過於保守的例子。御覽卷六四二引成公九年傳「南冠而縶者誰也」注「南冠，楚冠也； 縶，拘繫也」，重澤收録坿録。然御覽卷六八五引國語注亦有「賈逵曰，南冠，楚冠也」，則其爲賈逵注殆無疑義，不妨編入正篇。又，重澤輯本「楚冠」作「楚囚」，恐怕是排錯字。（考慮到左傳下文有云「有司對曰，鄭人所獻楚囚也」，御覽卷六四二

爲「囚」部，則不排除有某種版本作「楚囚」的可能性，但宋本及常見諸本皆作「楚冠」。）又，輯述輯録「服曰，南冠楚冠」，注稱「御覽卷六百四十二」而作服注，不知何據。

㊶惟不知此功是否可歸重澤一人。當時重澤所屬東方文化學院京都研究所，作爲一種官方項目正在開展利用「本邦（日本）殘存典籍」的輯佚工作（始於一九三二年，負責人爲新美寬。此項目由於新美氏的參軍陣亡，於一九四五年以未完成告終）。重澤很有可能參加該項目，利用其成果。又，該輯佚工作，後來由鈴木隆一補輯完成，一九六八年由京都大學人文科學研究所正式出版新美寬編、鈴木隆一氏補利用本邦殘存典籍的輯佚資料集成。該書輯録賈、服注，分別題「左氏傳解詁」「春秋左氏傳解義」，所收條目與重澤輯本基本一致。

㊷有一條或許也算重澤訂正引文出處的例子。輯述在僖公二年經「春王正月，城楚丘」下輯録賈注「楚丘，衛地」，注出處稱「史記索隱十」。重澤改出處爲「史記齊世家集解」，并改文本作「衛地也」。今按三家注諸本，「衛地也」固然見於集解，不在索隱。然檢四庫全書（文淵閣本）單本史記索隱卷十確實有「賈逵曰楚丘衛城地」一句，正如輯述所引，而且輯述通例，凡輯自史記集解，不稱「集解」而稱「注」，又如僖公二十三年傳「策名委質」下服注出處亦稱「索隱卷十八」，則輯述所據索隱乃單本，并非三家注本。所據不同，所以本稿未將視爲訂正之事例。至於李貽德爲何不用三家注本，今不詳其説。要之，依今日學界慣例，史記注據三家注本爲常，從此意義上考慮，重澤的調整可謂得宜。

㊸馬氏輯本僅録前條（馬氏輯録在「改爲荊州」下，連及「亦以其居荊州，故因諱而改之」。雖不易遽斷，考慮到其下文更有云「亦有本自作荊者，非爲諱也」，上下兩「亦」是並列兩説的寫法，則似以不録「亦以」以下爲宜），誤繫於莊公四年傳「楚武王荊

尸」。詩疏明言「春秋經賈氏訓詁云」，十年經杜注亦云「荊，楚本號，後改爲楚，云云」，不知馬氏何以致誤，實不可解。「楚」「荊」就是書法問題，相關議論只能繫於經文。

㊹韋昭國語解取法於賈逵國語解詁，而注解前後重見者極多。據此推測，賈逵的注解很有可能存在不少前後重見的内容。

㊺重澤輯本其實也有前後重見的内容。昭公二十二年經「劉子、單子以王猛居於皇」、二十六年經「尹氏、召伯、毛伯以王子朝奔楚」兩處，重複輯録同一「賈義」：「劉、賈、許、潁雜取晋人執季孫以歸，劉子、單子以王猛居於皇，尹氏、召伯、毛伯以王子朝奔楚，隨示以義」。這是特殊情况，由於雜出二十二年、二十六年的人名，不得不如此。又，此條輯自春秋釋例，爲輯述所不備。

㊻見野間文史十三經注疏的研究——其語法與傳承的形態（研文出版，二〇〇五年）第二三至三二頁。

春秋董氏傳

隱公

元年

春王正月。

春秋之序辭也。置王於春正之間。非曰上奉天施而下正人。然後可以爲王也云爾。竹林、盧文弨云非曰原注猶言豈非、蘇輿云非或亦字之誤、

臣謹案春秋之文。求王道之端。得之於正。正次王。王次春。春者天之所爲也。其意曰。上承天之所爲。而下以正其所爲。王道之端云爾。漢書本傳

春秋之道。以元之深正天之端。以天之端正王之政。以王之政正諸侯之卽位。以諸侯之卽位正竟內之治。五者俱正而化大行。玉英二端

春秋何貴乎元而言之。元者始也。言本正也。正原作道、從蘇說而改、王道也。王者人之始也。王正則元氣

和順。風雨時。景星見。黃龍下。〔王道〕

謂一元者大始也。知元年志者。大人之所重。小人之所輕。〔玉英〕

惟聖人能屬萬物於一。而繫之元也。終不及本所從來而承之。不能遂其功。是以春秋變一謂之元。元猶原也。其義以隨天地終始也。〔玉英〕

臣謹案春秋謂一元之謂。一者萬物之所從始也。元者辭之所謂大也。謂一爲元者。視大始而欲正本也。〔漢書本傳〕

春秋大一統者。天地之常經。古今之通誼也。〔漢書本傳〕

隱不言立者。從其志以見其事也。〔玉英〕

魯隱之代桓立。此執權存國。行正世之義。守惓惓之心。春秋嘉其〔原作氣、從蘇說而改、〕義焉。故見之。復正之謂也。〔王道〕

凡人之有爲也。前枉而後義者。謂之中權。雖不能成。春秋善之。魯隱公是也。〔竹林〕

立適以長。不以賢。立子以貴。不以長。〔王道〕

三月公及邾婁儀父盟于昧。

諸侯來朝者得褒。邾婁儀父稱字。王道之意也。〔王道〕

諸侯與盟者衆矣。而儀父獨漸進。觀德

秋七月天王使宰咺來歸惠公仲子之賵。

刺不及事也。王道

公子益師卒。

隱桓親春秋之先人也。不日以遠外也。奉本

二年

無駭帥師入極。

隱代桓立。所謂僅存耳。使無駭帥師滅極。內無諫臣。外無諸侯之救。滅國

九月紀履綸來逆女。

紀侯之母宜稱而不達。達陽而不達陰。以天道制之也。陽尊陰卑

三年

春王二月己巳日有食之。

臣下上僭不能禁止。日爲之食。春秋異之。以此見悖亂之徵。王道

其後戎執天子之使。鄭獲魯隱。滅戴。衛魯宋咸殺君。五行志下之下

夏四月辛卯尹氏卒。

大夫不得世。王道

觀乎世卿。知移權之敗。王道

秋武氏子來求賻。

刺。王道

爲大惡而書。玉英

八月庚辰宋公和卒。

天子不能奉天之命。則廢而稱公。王者之後是也。順命

癸未葬宋繆公。

非其位而即之。雖受之先君。春秋危之。玉英

四年

秋翬帥師會宋公陳侯蔡人衛人伐鄭。

觀乎公子翬。知臣窺君之意。王道

九月衛人殺州吁于濮。

明君臣之義。守國之正也。王道

冬十有二月衞人立晉。

美得衆也。王道

五年

春公觀魚于棠。

凡人之性莫不善義。然而不能義者。利敗之也。故君子終日言不及利。欲以勿言。愧之而已。愧之以塞其源也。夫處位動風化者。徒言利之名爾。猶惡之。況求利乎 故天王使人求賻求金。皆爲大惡而書。今非直使人也 親自求之。是爲甚惡。譏何故言觀魚。猶言觀社也。皆諱大惡之辭也。王英

秋衞師入盛。

君將不言率師。重君之義也。王道

九月考仲子之官。初獻六羽。

獻八佾。諱八言六。王道 有天子在。諸侯不得舞天子之樂。王道

臣下上逼。僭擬天子。法度廢而不復用。魯舞八佾。王道

觀乎獻六羽。知上下之差。王道

螟。

公觀漁于棠　貪利之應也。五行志下之上

六年

春鄭人來輸平。

春秋推天施而順人理。以至尊爲不可以加於至辱大羞。故獲者絕之。竹林

七年

冬天王使凡伯來聘　戎伐凡伯于楚丘以歸。

有天子在　諸侯不得專執天子之大夫王道

執天子之大夫。與伐國同罪。執凡伯言伐。王道

臣下上逼。僭擬天子。王道

觀乎執凡伯。知犯上之法。王道

八年

九月辛卯公及莒人盟于包來。

春秋之書人。時易其名。以有諱也。詭莒子號謂之人。避隱公也。玉英

莒人疑我。貶而稱人。觀德

十年

六月壬戌公敗宋師于菅。辛未取郜。辛巳取防。

春秋刺上之過。而矜下之苦。小惡在外弗舉。在我書而誹之。仁義法

宋人蔡人衞人伐載。鄭伯伐取之。

宋蔡衞國伐之。鄭因其力而取之。此無以異於遺重寶於道而莫之守。見者掇之也。滅國

十有一年

春滕侯薛侯來朝。

諸侯來朝者得褒。滕薛稱侯。王道之意也。王道

諸侯朝魯者衆矣。而滕薛獨稱侯。觀德

內出言如。諸侯來曰朝。大夫來曰聘。王道之意也。王道

冬十有一月公薨。

春秋之義。臣不討賊非臣也。賊不討者不書葬。臣子之誅也。王道

桓　公

元　年

春王正月公卽位。

其志欲立。故書卽位。書卽位者。言其弑君兄也。玉英

鄭伯以璧假許田。

鄭魯易地　諱易言假。王道

臣下上逼。僭擬天子。法度廢而不復用。王道

觀乎許田。知諸侯不得專封。王道

秋大水。

桓弑兄隱公　民臣痛隱而賤桓。後宋督弑其君。諸侯會將伐之。桓受宋賂而歸。又背宋。諸侯

由是伐魯　仍交兵結讐。伏尸流血。百姓愈怨。故十三年夏復大水。五行志上

二年

春正月戊申宋督弒其君與夷及其大夫孔父。

不書莊公馮殺。避所善也。是故讓者春秋之所善。宣公不與其子而與其弟。其弟亦不與子。而反之兄子。雖不中法。皆有讓高。不可棄也。故君子為之諱不居正之謂避其後也亂。移之宋督。以存善志。此亦春秋之義。善無遺也。若直書其篡。則宣繆之高滅。而善之無所見矣。玉英

難者曰。為賢者諱。皆言之。為宣繆諱。獨弗言何也。曰不成於賢也。其為善不法。不可取。亦不可棄。棄之則棄善志也。取之則害王法。故不棄亦不載。以意見之而已。苟志於仁無惡。此之謂也。玉英

以殤公為不知孔父賢邪。安知孔父死己必死。趨而救之。知足以知賢而不決。不能任。故以弒。精華

孔父之死節。此執權存國。行正世之義。守惓惓之心。春秋嘉其原作氣、從蘇說而改、義焉。故見之。復正之謂也。王道

孔父正色而立於朝。人莫過而致難乎其君。此春秋之救文以質也。王道

三月公會齊侯陳侯鄭伯于稷。以成宋亂。

隱桓親春秋之先人也。言其成宋亂。以遠外也。奉本

夏四月取郜大鼎于宋。戊申納于大廟。

器從名。地從主人。之謂制。權之端焉。不可不察也。玉英

秋七月紀侯來朝。

天子不臣母后之黨。王道

三年

春正月公會齊侯于瀛。

桓之志無王。故不書王。不書王者。以言其背天子。從其志以見其事也。玉英

夏齊侯衞侯胥命于蒲。

春秋記纖芥之失。反之王道。追古貴信結言而已。不至用牲盟而後成約。王道

秋七月壬辰朔日有食之。既。

臣下上僭。不能禁止。日爲之食。春秋異之。以此見悖亂之徵。王道

前事已大。後事將至者又大則既。先是魯宋弑君。魯又成宋亂易許田。亡事天子之心。楚僭稱王。後鄭岠王師。射桓王。又二君相簒。五行志下之下

五年

春正月甲戌己丑陳侯鮑卒。

書所見也。而不言其所聞者。觀德

秋蔡人衞人陳人從王伐鄭。

譏親也。王道

不能從。王道

大雩。

旱祭也。精華

難者曰。大旱雩祭而請雨。大水鳴鼓而攻社。天地之所爲。陰陽之所起也。或請焉。或怒焉者何。曰大旱者陽滅陰也。陽滅陰者尊厭卑也 固其義也。雖大甚。拜請之而已。敢有加也。精華

六年

春正月寔來。

州公化我。奪爵而無號。觀德

質文兩備。然後其禮成。文質偏行。不得有我爾之名。俱不能備而偏行之。寧有質而無文。有文無質。非直不予。乃少惡之。謂州公寔來是也。玉杯

蔡人殺陳佗。

陳侯佗淫乎蔡。蔡人殺之。古者諸侯出疆。必具左右備一師。以備不虞。今陳侯恣以身出入民閭至死。閭里之庸。甚非人君之行也。王道

觀乎陳佗。知妬淫之禍。王道

七年

夏穀伯綏來朝。鄧侯吾離來朝。

鄧穀失地而朝魯桓。鄧穀失地。不亦宜乎。滅國

八年

冬十月雨雪。

象夫人專恣。陰氣盛也。五行志中之下

祭公來。遂逆王后于紀。

譏失禮也。王道

十年

冬十有二月丙午齊侯衞侯鄭伯來戰于郎。

難者曰。春秋之書戰伐也。有惡有善也。惡詐擊而善偏戰。恥伐喪而榮復讎。奈何以春秋爲無義戰而盡惡之也。曰凡春秋之記災異也。雖畝有數莖。猶謂之無麥苗也。今天下之大三百年之久。戰攻侵伐不可勝數。而復讎者有二焉。是何以異於無麥苗之有數莖哉。不足以難之。故謂之無義戰也。以無義戰爲不可。則無麥苗亦不可也。以無麥苗爲可。則無義戰亦可矣。若春秋之於偏戰也。善其偏不善其戰。有以效其然也。春秋愛人。而戰者殺人。君子奚說善殺其所愛哉。故春秋之於偏戰也。猶其於諸夏也。引之魯則謂之外。引之夷狄則謂之內。比之詐戰。則謂之義。比之不戰。則謂之不義。故盟不如不盟。然而有所謂善盟。戰不如不戰。然而有所謂善戰。不義之中有義。義之中有不義。辭不能及。皆在於指。非精心達思者。其孰能知之。（竹林）

十有一年

九月宋人執鄭祭仲。

祭仲之出忽立突。此執權存國。行正世之義。守惓惓之心。春秋嘉其（原作氣、從蘇說而改）義焉。故見之。復正之謂也。（王道）

夫去位而避兄弟者。君子之所甚貴。祭仲措其君於人所甚貴。以生其君。故春秋以爲知權而賢之。故凡人之有爲也。前枉而後義者。謂之中權。雖不能成。春秋善之。鄭祭仲是也。（竹林）

十有二年

丙戌衞侯晉卒。

非其位而卽之。雖受之先君。春秋危之。非其位。不受之先君。而自卽之。春秋危之。雖然苟能行善得衆。春秋弗危。衞侯晉以立書葬是也。以此見得衆心之爲大安也。玉英

十有三年

春二月公會紀侯鄭伯。己巳及齊侯宋公衞侯燕人戰。齊師宋師衞師燕師敗績。

後其日。以魯不得偏。避紀侯與鄭厲公也。觀德

夏大水。

臣下上僭。不能禁止。夏大水原作大雨水、春秋上下無夏大雨水之事、雨字疑涉下文大雨雪而衍、春秋異之。以此見悖亂之徵。王道

十有四年

無冰。

象夫人不正。陰失節也。五行志中之下、志以爲十五年之事、恐誤

秋八月壬申御廩災。

先是四國共伐魯。大破之於龍門。百姓傷者未瘳。怨咎未復。而君臣俱惰。內怠政事。外侮四鄰。非能保守宗廟。終其天年者也。故天災御廪以戒之。五行志上

十有五年

春二月天王使家父來求車。

刺。王道

郱婁人牟人葛人來朝。

夷狄郱婁人牟人葛人。爲其天王崩而相朝聘也。此其誅也。王道

十有六年

十有一月衞侯朔出奔齊。

公侯不能奉天子之命。則名絕而不得就位。衞侯朔是也。順命

觀乎衞侯朔。知不卽召之罪。王道

冬十月朔日有食之。

臣下上僭。不能禁止。日爲之食。春秋異之　以此見悖亂之徵。王道

言朔不言日。惡魯桓且有夫人之禍　將不終日也。五行志下之下

十有八年

春王正月公會齊侯于濼。公夫人姜氏遂如齊。

妻不能奉夫之命。則絕夫不言及。順命

莊　公

元　年

三月夫人孫于齊。

變天地之位。正陰陽之節。直行其道而不忌原作忘、從蘇說而改、其難。義之至也。是故絕母之屬而不爲不孝慈。義矣夫。精華

王父父所絕。子孫不得屬。莊公之不得念母。是也。觀德

三　年

秋紀季以酅入于齊。

難紀季者曰。春秋之法。大夫不得用地。又曰。公子無去國之義。又曰。君子不避外難。紀季犯此三者。何以爲賢。賢臣故盜地以下敵。棄君以避難乎。曰賢者不爲是。是故託賢於紀季。

以見季之弗爲也。紀季弗爲。而紀侯使之可知矣。春秋之書事。時詭其實以有避也。其書人。時易其名以有諱也。然則說春秋者。詭辭隨其委曲。而後得之。今紀季受命乎君。而經書專。無善之（原作一、從蘇說而改）名。而文見賢。此皆詭辭不可不察。春秋之於所賢也。固順其志而一其辭。章其義而褒其美。今紀侯春秋之所貴也。是以聽其入齊之志。而詭其服罪之辭也。移之紀季。以酅入於齊者。實紀侯爲之。而春秋詭其辭。以與紀季。（玉英）

四年

紀侯大去其國。

紀侯之所滅者。乃九世之讎也。一旦之言危百世之嗣。故曰大去。（滅國）

難者曰。有國家者。人欲立之。固盡不聽。國滅君死之正也。何賢乎紀侯。曰齊將復讎。紀侯自知力不加。而志距之。故謂其弟曰。我宗廟之主。不可以不死也。汝以酅往服罪於齊。請以立五廟。使我先君歲時有所依歸。率一國之衆。以衞九世之主。襄公逐之不去。求之弗予。上下同心而俱死之。故謂之大去。春秋賢死義。且得衆心也。故爲諱滅。以爲之諱見其賢之。以其賢之也見其中仁義也。（玉英）

春秋之義。子不復讎。非子也。（王道）

春秋之書戰伐也。有惡有善也。恥伐喪而榮復讐。今天下之大三百年之久。戰攻侵伐不可勝數也。而復讐者有二焉。竹林

六年

春王三月王人子突救衞。

刺。王道

遣子突征衞。不能絕。王道

衞侯朔固事齊襄。而天下患之。滅國

夏衞侯朔入于衞。

春秋推天施而順人理。以至辱不可以加於至尊大位。故雖失位弗君也。已反國復在位矣。而春秋猶有不君之辭。竹林

螟。

先是衞侯朔出奔齊。齊侯會諸侯納朔。許諸侯賂。齊人歸衞寶。魯受之。貪利之應也。五行志下之上

七年

夏四月辛卯夜恒星不見。夜中星霣如雨。

臣下上僭。不能禁止。春秋異之。以此見悖亂之徵。（王道）

春秋書以爲大異。（奉本）

降於天。故謂之隕。（玉英）

常星二十八宿者人君之象也。衆星萬民之類也。列宿不見。象諸侯微也。衆星隕墮。民失其所也。夜中者爲中國也。不及地而復。象齊桓起而救存之也。鄉亡桓公。星遂至地。中國其良絕矣。（五行志下之下）

無麥苗

凡春秋之記災異也。雖畝有數莖。猶謂之無麥苗也。（竹林）

莊母文姜與兄齊襄公淫。共殺威公。莊釋父讐復取齊女。未入。先與之淫。一年再出會於道。逆亂。臣下賤之之應也。（五行志上）

八年

夏師及齊師圍成。

言圍成甲午祠兵。以別迫脅之罪。誅意之法也。（王道）

春秋之書人。時易其名以有諱也。變盛謂之成。諱大惡也。（玉英）

衞人侵戍。鄭入戍。及齊師圍戍。三被大兵。終滅。莫之救。所恃者安在。滅國

秋師還。

師出者衆矣。莫言還。至師及齊師圍戍。戍降于齊師。獨言還。其君劫外不得已。故可直言也。奉本

九年

春齊人殺無知。

明君臣之義。守國之正也。王道

齊小白入于齊。

齊桓非直弗受之先君也。乃率宜爲君者而立。罪亦重矣。然而知恐懼敬舉賢人。而以自覆蓋。知不背要盟以自湔浣也。遂爲賢君而覇諸侯。使齊桓被惡而無此美。得免殺戮乃幸已。何覇之有。玉英

八月庚申及齊師戰于乾時。我師敗績。

春秋之書戰伐也　有惡有善也。恥伐喪而榮復讐。今天下之大三百年之久。戰攻侵伐不可勝數。而復讐者有二焉。竹林

十年

冬十月齊師滅譚。譚子奔莒。

齊桓公欲行霸道。譚遂違命。故滅而奔莒。（滅國）

十有一年

秋宋大水。

魯宋比年爲乘丘鄑之戰。百姓愁怨。陰氣盛。故二國俱水。（五行志上）

十有二年

秋八月甲午宋萬弑其君接及其大夫仇牧。

宋閔公矜婦人而心妬。與大夫萬博。萬譽魯莊公曰。天下諸侯宜爲君者。唯魯侯爾。閔公妬其言曰。此虜也。爾虜焉故。魯侯之美惡乎至。萬怒。搏閔公。絕脰。此以與臣博之過也。古者人君立於陰。大夫立於陽。所以別位明貴賤。今與臣相對而博置。婦人在側。此君臣無別也。故使萬稱他國卑閔公之意。閔公藉萬而身與之博。下君自置。有辱之婦人之房。具而矜婦人。獨得殺死之道也。春秋傳曰大夫不適君。遠此逼也。（王道）仇牧之死節。此執權存國。行正世之義。守惓惓之心。春秋嘉其（原作氣，從蘇說而改）義焉。故見之。復正之謂也。（王道）

觀乎宋閔。知妬淫之禍。王道

十有三年

冬公會齊侯盟于柯。

春秋尊禮而重信。信重於地。禮尊於身。齊桓公疑信而虧其地。春秋賢而擧之。以爲天下法。楚莊王

齊桓見其大信。精華

十有四年

冬單伯會齊侯宋公衞侯鄭伯于鄄。

齊桓於柯之盟見其大信。一年而近國之君畢至。鄄之會是也。精華

十有六年

冬十有二月齊侯宋公陳侯衞侯鄭伯許男滑伯滕子同盟于幽。今本公羊經齊侯之上有公會二字、許男之下有曹伯二字、春秋繁露滅國篇云幽之會曹小未嘗來也、莊公不往、則知董氏所據無此四字也、左氏經亦無此四字、

齊桓於柯之盟見其大信。一年而近國之君畢至。幽之會是也。精華

十有七年

冬多麋。

麋色青。近青祥也。麋之爲言迷也。蓋牝獸之淫者也。是時莊公將取齊之淫女。其象先見。天戒若曰勿取。齊女淫而迷國。莊不寤。遂取之。夫人既入。淫於二叔。終皆誅死 幾亡社稷。五行志中之上

十有八年

春王三月日有食之。

宿在東壁。魯象也。後公子慶父叔牙果通於夫人以劫公。五行志下之下

十有九年

秋公子結媵陳人之婦于鄄。遂及齊侯宋公盟。

春秋之法。大夫出境。有可以安社稷利國家者。則專之可也。謂救危除患也。公子結受命往媵陳人之婦於鄄。道生事。從齊桓盟。春秋弗非。以爲救莊公之危。精華

二十年

夏齊大災。

魯夫人淫於齊。齊桓姉妹不嫁者七人。國君民之父母。夫婦生化之本。本傷則末夭。故天災所予也。五行志上

二十有三年

夏公如齊觀社。

諱大惡之辭也。**玉英**

荆人來聘。

諸侯來朝者得褒。荆得人。**王道之意也。王道**

吳楚國。先聘我者**見賢。觀德**

秋丹桓宮楹。

譏驕溢不恤下也。**王道**

二十有四年

春王三月刻桓宮**桷。**

譏驕溢不恤下也。**王道**

子池言魯莊築臺　丹楹刻**桷。不以壽終。俞序**

大水。

夫人哀姜淫亂不婦。陰氣盛也。**五行志上**

冬戎侵曹。曹羈出奔陳。

曹羈諫其君曰。戎衆以無義。君無自適。君不聽。果死戎寇。春秋明此。存亡道可觀也。王道

幽之會。齊桓數合諸侯。曹小。未嘗來也。不事大而事小。曹伯所以戰死於位。滅國

二十有五年

六月辛未朔日有食之。鼓用牲于社。

臣下上僭。不能禁止。日爲之食。春秋異之。以此見悖亂之徵。王道

宿在畢。主邊兵。夷狄象也。後狄滅邢衞。五行志下之下

秋大水。鼓用牲于社于門。

難者曰。大旱雩祭而請雨。大水鳴鼓而攻社。天地之所爲。陰陽之所起也。或請焉或怒焉者何。曰大旱者陽滅陰也。陽滅陰者。尊厭卑也。固其義也。雖大甚。拜請之而已。敢有加也。大水者陰滅陽也。陰滅陽者。卑勝尊也。日食亦然。皆下犯上。以賤傷貴者。逆節也。故鳴鼓而攻之。朱絲而脅之。爲其不義也。此亦春秋之不畏强禦也。變天地之位。正陰陽之序。直行其道而不忘其難。義之至也。是故脅嚴社。而不爲不敬靈。義矣夫。精華

二十有六年

冬十有二月癸亥朔日有食之。

臣下上僭。不能禁止。日爲之食。春秋異之。以此見悖亂之徵。王道

宿在心。爲明堂。文武之道廢。中國不絕若綫之象也。五行志下之下

二十有七年

杞伯來朝。

王者之後稱公。杞何以稱伯。春秋上絀夏。下存周。以春秋當新王。三代改制質文

不以杞侯。弗同王者之後也。三代改制質文

稱子又稱伯何。見殊之小國也。三代改制質文

二十有八年

春王三月甲寅齊人伐衛。衛人及齊人戰。衛人敗績。

問者曰。其書戰伐甚謹。其惡戰伐無辭。何也。曰會同之事。大者主小。戰伐之事。後者主先。

苟不惡。何爲使起之者居下。是其惡戰伐之辭已。竹林

冬築微。

春秋之法。凶年造邑則諱。竹林

大水。無麥禾。今本公羊經作大無麥禾、董氏所據蓋有水字、五行志所引可證

春秋他穀不書。至於麥禾不成則書之。以此見聖人於五穀。最重麥禾也。漢書食貨志

夫人哀姜淫亂。逆陰氣。故大水也。五行志上

臧孫辰告糴于齊。

孔子曰。君子爲國。必有三年之積。一年不熟乃請糴。失君之職也。王道

二十有九年

春新延廐。

春秋之法。凶年不修舊。意在無苦民爾。故曰凶年修舊則譏。竹林

譏驕溢不恤下也。王道

秋有蜚。

蜚色青。近青眚。非中國所有。南越盛暑。男女同川澤。淫風所生。爲蟲臭惡。是時莊公取齊淫女爲夫人。既入淫於兩叔。故蜚至。天戒若曰今誅絕之尙及不。將生臭惡聞於四方。莊不寤。其後夫人與兩叔作亂。二嗣以殺。卒皆被辜。五行志中之下

三十年

九月庚午朔日有食之。鼓用牲于社。

臣下上僭。不能禁止。日爲之食。春秋異之。以此見悖亂之徵。王道

後魯二君弒。夫人誅。兩弟死。狄滅邢。徐取舒。晉殺世子。楚滅弦。五行志下之下

三十有一年

秋築臺于秦。

築三臺。譏驕溢不恤下也。王道

觀乎魯莊之起臺。知驕奢淫泆之失。王道

三十有二年

八月癸亥公薨于路寢。

以莊公不知季子賢邪。安知病將死。召而授以國政。知足以知賢。而不決。不能任。故以危。精滅

冬十月乙未子般卒。

春秋分十二世。以爲三等。有見。有聞。有傳聞。有見三世。有聞四世。有傳聞五世。故哀定昭。君子之所見也。襄成宣文　君子之所聞也。僖閔莊桓隱。君子之所傳聞也。所見六十一年。所聞八十五年。所傳聞九十六年。於所見微其辭。於所聞痛其禍。於傳聞殺其恩。與情俱也。

子般殺而書乙未。殺其恩也。莊楚王

閔公

元年

齊人救邢。

齊桓見存亡繼絕之義。精華

冬齊仲孫來。

春秋之書人。時易其名以有諱也。易慶父之名。謂之仲孫。諱大惡也。玉英

公子慶父罪亦不當繫於國。以親之故爲之諱。而謂之齊仲孫。去其公子之親也。順命

二年

公子慶父出奔莒。

春秋之聽獄也。必本其事而原其志。志邪者不待成。首惡者罪特重。本直者其論輕。是故魯季子追慶父。精華

魯季子之免罪。明親親之恩也。王道

冬齊高子來盟。

魯莊爲柯之盟。劫汶陽。魯絕桓立之。用心如斯。豈不霸哉。故以憂天下與之。滅國

魯莊公好宮室。一年三起臺。夫人內淫兩弟。弟兄子父相殺。國絕莫繼。爲齊所存。夫人淫之過也。春秋明此。存亡道可觀也。王道

鄭棄其師。

鄭文輕衆而喪師。春秋之重民如是。竹林

僖　公

元　年

齊師宋師曹師次于聶北救邢。

邢魯之同姓也。狄人滅之。春秋爲諱。避齊桓也。觀德

邢未嘗朝聘。齊桓見其滅。率諸侯而立之。用心如此。豈不霸哉。故以憂天下與之。滅國

齊桓見存亡繼絕之義。精華

桓公存邢。不見春秋。內心予之。行法絕而不予。止亂之道也。非諸侯所當爲也。王道

春秋常於其嫌得者。見其不得也。是故齊桓不予專地而封。楚莊王

有天子在。諸侯不得專封。王道

齊桓擅封邢。意欲王天下。王道

二年

春王正月城楚丘。

魯莊公二十七年。齊桓爲幽之會。衛不至。桓怒而伐之。狄滅之。桓憂而立之。用心如此。豈不霸哉。故以憂天下與之。滅國

齊桓見存亡繼絕之義。精華

桓公存衞。不見春秋。內心予之。行法絕而不予。止亂之道也。非諸侯所當爲也。王道

齊桓擅封衞。意欲王天下。王道

虞師晉師滅下陽。

晉假道虞。虞公許之。宮之奇諫曰。脣亡齒寒。虞虢之相救。非相賜也。君請勿許。虞公不聽。

後虞果亡於晉。春秋明此。存亡道可觀也。王道

秋九月齊侯宋公江人黃人盟于貫澤。

齊桓於救邢衞之事。見存亡繼絕之義。而明年遠國之君畢至。貫澤之會是也。精華

三年

秋齊侯宋公江人黃人會于陽穀。

齊桓於救邢衞之事。見存亡繼絕之義。而明年遠國之君畢至。陽穀之會是也。精華

桓公曰。無貯粟。無鄣谷。無易樹子。無以妾爲妻。此春秋之救文以質也。王道

四年

楚屈完來盟于師。盟于召陵。

魯君在是。而不得爲主。避齊桓也。觀德

齊人執陳轅濤塗。

春秋之聽獄也。必本其事而原其志。志邪者不待成。首惡者罪特重。本直者其論輕。是故轅濤塗不宜執。精華

齊桓公執轅濤塗之罪。非不能正人也。然而春秋弗予不得爲義者。我不正也。仁義法

齊桓損人之國。而執其大夫。不救陳之患。而責陳不納。功未良成。而志已滿矣。精華

秋江人黃人伐陳。

齊桓不往救。功未良成。而志已滿矣。精華

五年

春晉侯殺其世子申生。

殺世子母弟直稱君。明失親親也。王道

痛之中。有痛無罪而受其死者。申生是也。精華

公及齊侯宋公陳侯衞侯鄭伯許男曹伯會王世子于首戴。

譏微也。王道

秋八月諸侯盟于首戴。**鄭伯逃歸。**

鄭去我。謂之逃歸。觀德

楚人滅弦。弦子奔黃。

齊桓志弗憂。功未良成。而志已滿矣。精華

九月戊申朔日有食之。

臣下上僭。不能禁止。日爲之食。春秋異之。以此見悖亂之徵。王道

先是齊桓行伯。江黃自至。南服彊楚。其後不內自正。而外執陳大夫。則陳楚不附。鄭伯逃盟。諸侯將不從桓政。故天見戒。其後晉滅虢。楚圍許。諸侯伐鄭。晉弑二君。狄滅溫。楚伐黃。桓不能救。五行志下之下

冬晉人執虞公。

觀乎虞公。知貪財之窮。王道

虞公貪財。不顧其難。快耳悅目。受晉之璧屈產之乘。假晉師道。還以自滅。宗廟破毀。社稷不祀。身死不葬。貪財之所致也。春秋明此。存亡道可觀也。王道

虞虢幷力。晉獻難之。滅國

虞公託其國於宮之奇。晉獻患之。虞公不用宮之奇。晉獻亡之。存亡之端不可不知也。滅國

八年

春王正月公會王人齊侯宋公衛侯許男曹伯陳世子款鄭世子華。盟于洮。鄭伯乞盟。

鄭處而不來。謂之乞盟。觀德

有天子在。諸侯不得適天子之貴。王道

臣下上逼。僭擬天子。王道

秋七月禘于太廟。用致夫人。

立夫人以適。不以妾。王道

妾不奉君命。則媵女先至者是也。順命

九年

冬晉里克弑其君之子奚齊。

難晉事者曰。春秋之法。未踰年之君稱子。蓋人心之正也。至里克殺奚齊。避此正辭而稱君之子。何也。曰所聞詩無達詁。易無達占。春秋無達辭。從變從義。而一以奉人。仁人錄其同姓之禍。固宜異操。晉春秋之同姓也。驪姬一謀。而三君死之。天下之所共痛也。本其所爲爲之者。蔽於所欲得位。而不見其難也。春秋疾其所蔽。故去其正辭。徒言君之子而已。若謂奚齊曰。嘻嘻爲大國君之子。富貴足矣。何必以兄之位爲欲居之。以至此乎云爾。錄所痛之辭也精華

十年

晉里克弑其君卓子及其大夫荀息。

痛之中。有痛無罪而受其死者。卓子是也。精華

難者曰。公子目夷祭仲之所爲者。皆存之事君。善之可矣。荀息曼姑非有此事也。而所欲恃者。皆不宜立者。何以得載乎義。曰春秋之法。君立不宜立不書。大夫立則書。書之者弗予大夫之得立不宜立者也。不書予君之得立之也。君之立不宜立者非也。既立之。大夫奉之是也。荀息曼姑之所得爲義也。玉英

荀息之死節。此執權存國。行正世之義。守惓惓之心。春秋嘉其原作氣，從蘇說而改、義焉。故見之。復正之謂也。王道

冬大雨雹。

公脅於齊桓公。立妾爲夫人。不敢進群妾。故專壹之象見諸雹。皆爲有所漸脅也。行專壹之政云。五行志中之下

十有二年

春王三月庚午朔日有食之。今本公羊經無朔字、從五行志而補

臣下上僭。不能禁止。日爲之食。春秋異之。以此見悖亂之徵。王道

十有四年

是時楚滅黃。狄侵衞鄭。莒滅杞。五行志下之下

春諸侯城緣陵。

杞未嘗朝聘。齊桓見其滅。率諸侯而立之。用心如此。豈不霸哉。故以憂天下與之。滅國

桓公存杞。不見春秋。內心予之。行法絕而不予。止亂之道也。非諸侯所當爲也。王道

齊桓擅封杞。意欲王天下。王道

秋八月辛卯沙鹿崩。

春秋書以爲大異。奉本

臣下上僭。不能禁止。沙鹿崩。春秋異之。以此見悖亂之徵。王道

沙鹿河上邑也。五行志下之上

十有五年

夏五月日有食之。

臣下上僭。不能禁止。日爲之食。春秋異之。以此見悖亂之徵。王道

後秦獲晉侯。齊滅項。楚敗徐于婁林。五行志下之下

己卯晦震夷伯之廟。

夷伯季氏孚也。陪臣不當有廟。震者雷也。晦暝雷擊其廟。明當絕去僭差之類也。五行志下之上

十有一月壬戌晉侯及秦伯戰于韓。獲晉侯。

君獲不言師敗。奉本

晉獻公行逆理。殺世子申生。以驪姬立奚齊卓子。皆殺死。國大亂。四世乃定。幾爲秦所滅。

從驪姬起也。王道

十有六年

春王正月戊申朔霣石于宋五。是月六鷁退飛過宋都。

耳聞而記。目見而書。或徐或察。皆以其先接於我者序之。觀德

春秋辨物之理。以正其名。名物如其眞。不失秋毫之末。故名霣石則後其五。言退鷁則先其六。

聖人之謹於正名如此。君子於其言。無所苟而已。五石六鷁之辭是也。深察名號

春秋別物之理。以正其名。名物必各因其眞。眞其義也。眞其情也。乃以爲名。名霣石則後其五。退飛則先其六。此皆其眞也。聖人於言。無所苟而已矣。實性

臣下上僭。不能禁止。霣石于宋五。六鷁退飛。春秋異之。以此見悖亂之徵。王道

象宋襄公欲行伯道。將自敗之戒也。石陰類。五陽數。自上而隕。此陰而陽行。欲高反下也。石與金同類。色以白爲主。近白祥也。鶂水鳥。六陰數。退飛欲進反退也。其色青。青祥也。

厲於貌之不恭。天戒若曰。德薄國小、勿持炕陽。欲長諸侯。與彊大爭。必受其害。襄公不寤。明年齊威死。伐齊喪。執滕子圍曹。爲盂之會。與楚爭盟。卒爲所執。後得反國。不悔過自責。復會諸侯伐鄭。與楚戰于泓。軍敗身傷。爲諸侯笑。五行志下之下

三月壬申公子季友卒。

魯僖公以亂即位。而知親任季子。季子無恙之時。內無臣下之亂。外無諸侯之患。行之二十年。國家安寧。季子卒之後。魯不支鄰國之患。直乞師楚耳。僖公之情。非輒不肖。而國衰益危者何也。以無季子也。精華

十有九年

梁亡。

梁內役民無已。其民不能堪。使民比地爲伍。一家亡。五家殺刑。其民曰。先亡者封。後亡者刑。君者將使民以孝於父母順於長老。守丘墓承宗廟。世世祀其先。今求財不足。行罰如不勝。殺戮如屠。仇讐其民。魚爛而亡。國中盡空。春秋曰梁亡。亡者自亡也。非人亡之也。春秋明此。存亡道可觀也。王道

觀乎梁亡。知枉法之窮。王道

二十年

春新作南門。

譏驕溢不恤下也。王道

夏郜子來朝。

郜子當絕。而獨不名。爲其與我同姓兄弟也。觀德

五月乙巳西宮災。

僖娶於楚。而齊媵之。脅公使立以爲夫人。西宮者小寢夫人之居也。若曰妾何爲此宮。誅去之意也。以天災之。故大之曰西宮也。五行志上

二十有一年

夏大旱。

齊威既死。諸侯從楚。僖尤得楚心。楚來獻捷。釋宋之執。外倚彊楚。炕陽失衆。又作南門。勞民興役。五行志中之上

二十有二年

冬十有一月己巳朔宋公及楚人戰于泓。宋師敗績。

宋襄公曰。不鼓不成列。不阨人。此春秋救文以質也。王道

善宋襄公不厄人。不由其道而勝。不如由其道而敗。春秋貴之。將以變習俗而成王化。俞序

二十有四●

冬天王出居于鄭。

天王不養。王道

變天地之位。正陰陽之序。直行其道。而不忌原作志、從蘇說而改、其難。義之至也。是故出天王而不爲不尊上。義矣夫。精華

二十有五●

春王正月丙午衞侯燬滅邢。

滅人者莫絕。衞侯燬滅同姓。獨絕。賤其本祖而忘先也。觀德

邢未嘗會齊桓也。附晉又微。晉侯獲於韓而背之。淮之盟是也。齊桓卒豎刀易牙之亂作。邢與狄伐其同姓取之。其行如此。雖爾親。庸能親爾乎。是君也。其滅於同姓。衞侯燬滅邢是也。滅國

宋蕩伯姬來逆婦。

婦人無出境之事。經禮也。母爲子娶婦。變禮也。玉英

二十有八年

楚殺其大夫得臣。

楚王髡託其國於子玉得臣。而天下畏之。及髡殺得臣。天下輕之。滅國

五月癸丑公會晉侯齊侯宋公蔡侯鄭伯衞子莒子。盟于踐土。陳侯如會。

陳侯後至。謂之如會。觀德

天王狩于河陽。

春秋常於其嫌得者。見其不得也。是故晉文不予致王而朝。楚莊王

春秋之書事。時詭其實以有避也。故詭晉文得志之實。以代諱。避致王也。玉英

晉文再致天子。諱致言狩。王道

臣下上逼。僭擬天子。法度廢而不復用。王道

二十有九年

春介葛盧來。

諸侯來朝者得褒。介葛盧得名。王道之意也。王道

質文兩備。然後其禮成。文質偏行。不得有我爾之名。俱不能備而偏行。寧有質而無文。雖弗

予能禮。而少善之。介葛盧來是也。玉杯

三十年

公子遂如京師。遂如晉。

春秋之法　大夫無遂事。謂平生安寧也。公子遂受命使京師。道生事之晉。春秋非之。以爲是時僖公安寧無危。精華

三十有一年

夏四月四卜郊。不從。乃免牲。猶三望。

春秋凡譏郊。未嘗譏君德不成於郊也。乃不郊而祭山川。失祭之敍。逆於禮。故必譏之。郊祀

臣下上逼。僭擬天子。法度廢而不復用。魯望（原作北、從蘇說而改、）祭泰山。郊天祀地。如天子之爲。王道

冬杞伯姬來求婦。

婦人無出境之事。經禮也。母爲子娶婦。變禮也。玉英

三十有三年

夏四月辛巳晉人及姜戎敗秦于殽。

秦穆公將襲鄭。百里蹇叔諫曰。千里而襲人者。未有不亡者也。穆公不聽。師果大敗殽中。匹

馬隻輪無反者。春秋明此。存亡道可觀也。王道

秦穆侮蹇叔而大敗。春秋之敬賢如是。竹林

賈霜不殺草。李梅實。

臣下上僭。不能禁止。賈霜不殺草。李梅實。春秋異之。以此見悖亂之徵。王道

今十月周十二月。於易五爲天位。爲君位。九月陰氣。至五通於天位。其卦爲剝。剝落萬物始大殺矣。明陰從陽命。臣受君令。而後殺也。今十月隕霜。而不能殺草。此君誅不行。舒緩之應也。是時公子遂顓權。三桓始世官。天戒若曰。自此之後將皆爲亂矣。文公不寤。其後遂殺子赤。三家逐昭公。五行志中之下

李梅實。臣下彊也。記曰。不當華而華。易大夫。不當實而實。易相室。冬水王木相。故象大臣。五行志中之下

文公

元年

二月癸亥日有食之。今本公羊經有朔字、從五行志

臣下上僭。不能禁止。日爲之食。春秋異之。以此見悖亂之徵。王道
先是大夫始執國政。公子遂如京師。後楚世子商臣殺父。齊公子商人殺君。皆自立。宋子哀出奔。晉滅江。楚滅六。大夫公孫敖叔彭生並專會盟。五行志下之下

二年

丁丑作僖公主。

文公不時奉祭。大惡。玉杯

八月丁卯大事于大廟。躋僖公。

文公亂其群祖。以逆先公。大惡。玉杯

公子遂如齊納幣。

春秋譏文公以喪取。難者曰。喪之法不過三年。三年之喪二十五月。今按經。文公乃四十一月方取。取時無喪。出其法也久矣。何以謂之喪取。曰春秋之論事。莫重於志。今取必納幣。納幣之月在喪分。故謂之喪取也。且文公以秋祫祭。以冬納幣。皆失於太蚤。春秋不譏其前。而顧譏其後。必以三年之喪。肌膚之情也。雖從俗而不能終。猶宜未平於心。今全無悼遠之志。反思念取事。是春秋之所甚疾也。玉杯

三年

雨螽于宋。

發於地。故謂之雨。玉英

臣下上僭。不能禁止。雨螽。春秋異之。以此見悖亂之徵。王道

宋三世內娶。大夫專恣。殺生不中。故螽先死而至。五行志中之下

四年

夏逆婦姜于齊。

文公取于大夫。以卑宗廟。大惡。玉杯

七年

秋八月公會諸侯晉大夫。盟于扈。

文公不能服喪。不時奉祭。不以三年。又以喪取。取于大夫。以卑宗廟。亂其群祖。以逆先公。

小善無一。而大惡四五。故諸侯弗予盟。玉杯

八年

公孫敖如京師。不至復。丙戌奔莒。

命大夫弗爲使。是惡惡之徵。不臣之效也。玉杯

九年

春毛伯來求金。

刺。王道

爲大惡而書。玉英

夫人姜氏如齊。

婦人無出境之事。奔喪父母變禮也。玉英

九月癸酉地震。

春秋書以爲大異。奉本

臣下上僭。不能禁止。地震。春秋異之。以此見悖亂之徵。王道

先是時齊桓晉文魯僖二伯賢君新沒。周襄王失道。楚穆王殺父。諸侯皆不肖。權傾於下。天戒若曰。臣下彊盛者將動爲害。後宋魯晉莒鄭陳齊皆殺君。五行志下之上

十年

自正月不雨至于秋七月。

臣下上僭。不能禁止。正月不雨。致於秋七月。春秋異之。以此見悖亂之徵。（王道）

十有二年

春王正月盛伯來奔。

盛伯當絕。而獨不名。爲其與我同姓也。（觀德）

十有四年

秋七月有星孛入于北斗。

春秋書以爲大異。（奉本）

孛者惡氣之所生也。謂之孛者。言其孛孛有所妨蔽。闇亂不明之貌也。北斗大國象。後齊宋魯莒晉皆弒君。（五行志下之下）

晉人納接菑于邾婁。

大夫不得廢置君命。（王道）

齊公子商人弒其君舍。

惡之中有己立之己殺之。不得如他臣之弒君者。齊公子商人是也。（精華）

十有五年

六月辛丑朔日有食之。鼓用牲于社。

臣下上僭。不能禁止。日爲之食。春秋異之。以此見悖亂之徵。王道

後宋齊莒晉鄭。八年之間五君殺死。夷滅舒蓼。五行志下之下

十有八年

冬十月子卒。

春秋分十二世。以爲三等。有見。有聞。有傳聞。有見三世。有聞四世。有傳聞五世。故哀定昭。君子之所見也。襄成宣文。君子之所聞也。僖閔莊桓隱。君子之所傳聞也。所見六十一年。所聞八十五年。所傳聞九十六年。於所見微其辭。於所聞痛其禍。於傳聞殺其恩。與情俱也。

子赤殺弗忍書日。痛其禍也。楚莊王

宣公

元年

晉趙盾帥師救陳。宋公陳侯衛侯曹伯會晉師于斐林伐鄭。

以晉靈之行。使一大夫立於斐林。拱揖指撝。諸侯莫敢不出。此猶隰之有泮也。隨本消息

二　年

秋九月乙丑晉趙盾弒其君夷獋。

春秋之義。臣不討賊非臣也。故誅趙盾。王道

趙盾嫌無臣責。春秋爲人不知惡。而恬行不備也。是故重累責之。以矯枉世而直之。玉杯

晉趙盾一夫之士也。無尺寸之土一介之衆也。而靈公據霸主之餘尊。而欲誅之。窮變極詐。詐盡力竭。禍大及身。推盾之心。載小國之位。孰能亡之哉。滅國

晉靈公殺膳宰。以淑飲食。彈大夫以娛其意。非不厚自愛也。然而不得爲淑人者不愛人也。仁義法

晉靈公行無道。處臺上彈群臣。枝解宰人而棄之。漏陽處父之謀。使陽處父死。及患趙盾之諫。欲殺之。卒爲趙盾所弒。王道

三　年

春王正月郊牛之口傷。改卜牛。牛死。乃不郊。猶三望。

近牛禍也。是時宣公與公子遂謀。共殺子赤而立。又以喪娶。區霿昏亂。亂成於口。幸有季文子得免於禍。天猶惡之。生則不饗其祀。死則災燔其廟。五行志下之上

六年

春晉趙盾衞孫免侵陳。

春秋君殺賊討。則善而書其誅。若莫之討。則君不書葬。而賊不復見矣。不書葬以爲無臣子也。賊不復見以其宜滅絕也。今趙盾弑君。四年之後。别牘復見。非春秋之常辭也。古今之學者異而問之曰。是弑君。何以復見。今案盾事。而觀其心。愿而不刑。合而信之。非篡弑之鄰也。按盾辭號乎天。苟內不誠。安能如是。是故訓其終始。無弑之志。挂惡謀者。過在不遂去。罪不討賊而已。臣之宜爲君討賊也。猶子之宜爲父嘗藥也。子不嘗藥。故加之弑父。臣不討賊。故加之弑君。其義一也。所以示天下廢臣子之節。其惡之大若此也。故盾之不討賊。爲弑君也。與止之不嘗藥爲弑父。無以異。盾不宜誅。以此參之。玉杯

問者曰。人弑其君。重卿在而弗能討者。非一國也。靈公弑。趙盾不在。不在之與在。惡有厚薄。春秋責在而不討賊者。弗繫臣子爾也。責不在而不討賊。乃加弑焉。何其責厚惡之薄。薄惡之厚也。曰春秋之道。視人所惑爲立說。以大明之。今趙盾賢而不遂於理。皆見其善。莫見其罪。故因其所賢。而加之大惡。繫之重責。使人湛思而自省悟以反道。曰吁。君臣之大義父子之道。乃至乎此。此所由惡薄而責之厚也。他國不討賊者。諸斗筲之民。何足數哉。弗繫人

數而已。此所由惡厚而責薄也。玉杯

七　年

大旱。

是夏宣與齊伐萊。五行志中之上

八　年

夏六月公子遂如齊。至黃乃復。

春秋之法。大夫聞喪。徐行而不反也。謂不以親害尊。不以私妨公也。精華

秋七月甲子日有食之。既。

臣下上僭。不能禁止。日爲之食。春秋異之。以此見悖亂之徵。王道

先是楚商臣弒父而立。至于莊王遂彊諸夏。大國唯有齊晉。齊晉新有篡弒之禍。內皆未安。故楚乘弱橫行。八年之間六侵伐。而一滅國。伐陸渾戎。觀兵周室。後又入鄭。鄭伯肉袒謝罪。北敗晉師于邲。流血色水　圍宋九月。析骸而炊之。五行志下之下

十　年

夏四月丙辰日有食之。

臣下上僭。不能禁止。日爲之食。春秋異之。以此見悖亂之徵。王道
後陳夏徵舒弑其君。楚滅蕭。晉滅二國。王札子殺召伯毛伯。五行志下之下

大水。

時比伐邾取邑。亦見報復。兵讐連結。百姓愁怨。五行志上

十有一年

冬十月楚人殺陳夏徵予舒。

春秋貶其文。不予專討也。莊王之行賢。而徵舒之罪重。以賢君討重罪。其於人心善。若不貶孰知其非正經也。春秋常於其嫌得者。見其不得也。是故楚莊弗予專殺而討。楚莊王

十有二年

夏六月乙卯晉荀林父帥師及楚師戰于邲。晉師敗績。

春秋之常辭也。不予夷狄而予中國爲禮。至邲之戰。偏然反之何也。曰春秋無通辭。從變而移。晉變而爲夷狄。楚變而爲君子。故移其辭以從其事。夫莊王之舍鄭。有可貴之美。晉人不知其善。而欲擊之。所救已解。如挑與之戰。此無善善之心。而輕救民之意也。是以賤之。而不使得與賢者爲禮。竹林

春秋常辭。夷狄不得與中國爲禮。至邲之戰。夷狄反道。中國不得與夷狄爲禮。避楚莊也。觀德

莊王曰。古者杅不穿皮不蠹則不出。君子篤於禮薄於利。要其人不要其土。告從。不赦不祥。强不陵弱。此春秋之救文以質也。王道

十有五年

夏五月宋人及楚人平。

司馬子反爲其君使。廢君命與敵情。從其所請。與宋平。是內專政。而外擅名也。專政則輕君。擅名則不臣。而春秋大之。奚由哉。曰爲其有慘怛之恩。不忍餓一國之民。使之相食。推恩者遠之而大。爲仁者自然而美。今子反出己之心。矜宋之民。無計其間。故大之也。難者曰。春秋之法卿不憂諸侯。政不在大夫。子反爲楚臣。而恤宋民。是憂諸侯也。不復其君。而與敵平。是政在大夫也。溴梁之盟。信在大夫。而春秋刺之。爲其奪君尊也。平在大夫。亦奪君尊。而春秋大之。此所間也。且春秋之義。臣有惡擅名美。故忠臣不顯諫。欲其由君出也。書曰。爾有嘉謀嘉猷。入告爾君于內。爾乃順之於外。曰此謀此猷。惟我君之德。此爲人臣之法也。古之良大夫。其事君皆若是。今子反去君近而不復。莊王可見而不告。皆以其解二國之難爲不得已也。奈其奪君名美何。此所惑也。曰春秋之道。固有常有變。變用於變。常用於常。各止其

科。非相妨也。今諸子所稱。皆天下之常。雷同之義也。子反之行。一曲之變。獨修之意也。夫目驚而體失其容。心驚而事有所忘。人之情也。通於驚之情者 取其一美。不盡其失。詩云。采葑采菲。無以下體。此之謂也。今子反往視宋。聞人相食。大驚而哀之。不意之至於此也。是以心駭目動。而違常禮。禮者庶於仁。文質而成體者也。今使人相食。大失其仁。安著其禮。方救其質。奚恤其文。故曰。當仁不讓。此之謂也。春秋之辭。有所謂賤者。有賤乎賤者。夫有賤乎賤者。則亦有貴乎貴者矣。今讓者春秋之所貴。雖然見人相食驚人相爨。救之忘其讓。君子之道。有貴於讓者也。故說春秋者。無以平定之常義疑變故之大則。義幾可諭矣。竹林

六月癸卯晉師滅赤狄潞氏。以潞子嬰兒歸。

潞子離狄而歸黨。以得亡。春秋謂之子。以領其意。觀德

潞子之於諸侯。無所能正。春秋予之有義。其身正也。仁義法

潞子欲合中國之禮義。離乎夷狄。未合乎中國。所以亡也。救文以質。見天下諸侯以失其國者亦有焉。王道

觀乎潞子。知無輔自詛之敗。王道

冬蝝生。

魯宣違聖人之言。變古易常。而災立至。聖人之言可不愼。順命

春秋之法。上變古易常。應是而有天災者謂幸國。仁義法

蝝螟始生也五行志中之下

十有六年

夏成周宣謝災。

十五年王札子殺召伯毛伯。天子不能誅。天戒若曰。不能行政令。何以禮樂爲而臧之。五行志上

十有七年

六月癸卯日有食之。

臣下上僭。不能禁止。日爲之食。春秋異之。以此見悖亂之徵。王道

後邾支解鄫子。晉敗王師于貿戎。敗齊于鞌。五行志下之下

成　公

元　年

無冰。

方有宜公之喪。君臣無悲哀之心。而炕陽作丘甲。（五行志中之下）

秋王師敗績于貿戎。

刺。（王道）

臣下上逼。僭擬天子。（王道）

二年

六月癸酉季孫行父臧孫許叔孫僑如公孫嬰齊帥師會晉郤克衞孫良夫曹公子手。及齊侯戰于鞌。齊師敗績。

先憂我者見尊。(曹公子手)（觀德）

逢丑父殺其身。以生其君。何以不得謂之知權。丑父欺晉。祭仲許宋。俱枉正以存其君。然而丑父之所爲。難於祭仲。祭仲見賢。而丑父猶見非。何也。曰是非難別者在此。此其嫌疑相似而不同理。不可不察。夫去位而避兄弟者。君子之所甚貴。獲虜逃遁者　君子之所賤。祭仲措其君於人所甚貴。以生其君。故春秋以爲知權而賢之。丑父措其君於人所甚賤。以生其君。春秋以爲不知權而簡之。其俱枉正以存君。相似也。其使君榮之。與使君辱。不同理。故凡人之有爲也。前枉而後義者。謂之中權。雖不能成。春秋善之。魯隱公祭仲是也。前正而後有枉者。謂之邪道。雖能成之。春秋不愛。齊頃公逢丑父是也。夫冒大辱以生。其情無樂。故賢人不爲也。而衆人疑焉。春秋以爲人之不知義而疑也。故示之以義。曰國滅君死之。正也。正也者。正於天之爲人性命也。天之爲人性命。使行仁義。而羞可恥。非若鳥獸然。苟爲生苟爲利而已。是故春秋推天施而順人理。以至尊爲不可以加於至辱大羞。故獲者絕之。以至辱爲亦不可以加於至尊大位。故雖失位弗君也。已反國復在位矣。而春秋猶有不君之辭。況其溷然方獲而虜邪。其於義也。非君定矣。若非君則丑父何權矣。故欺三軍。爲大罪於晉。其免頃公。爲辱宗廟於齊。是以雖難。而春秋不愛。丑父大義。宜言於頃公曰。君慢侮而怒諸侯。是失禮大矣。今被大辱而弗能死　是無恥也。而復重罪。請俱死。無辱宗廟。無羞社稷。如此雖陷其身。尙有廉名。當此之時。死賢於生。故君子生以辱。不如死以榮。正是之謂也。由法論之。則丑父欺而不中權。忠而不中義。以爲不然。復察春秋。春秋之序辭也。置王於春正之間。非曰上奉天施而下正人。然後可以爲王也云爾。竹林、盧文弨云非曰原注猶言豈非、蘇輿云非或亦字之誤

春秋之聽獄也。必本其事而原其志。志邪者不待成。首惡者罪特重。本直者其論輕。是故逢丑父當斮。精華

齊頃公親齊桓公之孫。國固廣大。而地勢便利矣。又得霸主之餘尊。而志加於諸侯。以此之故。難使會同。而易使驕奢。即位九年。未嘗肯一與會同之事。有怒魯衞之志。而不從諸侯於清丘斷道。春往伐魯。入其北郊。顧返伐衞。敗之新築。當是時也。方乘勝而志廣。大國往聘。慢而弗敬其使者。晉魯俱怒。內悉其衆。外得黨與曹衞。四國相輔。大困之鞌。獲齊頃公。斮逢丑父。深本頃公之所以大辱身。幾亡國。爲天下笑。其端乃從懾魯勝衞起。伐魯魯不敢出。擊衞衞大敗之。因得氣而無敵國。以興患也。故曰。得志有喜。不可不戒。此其效也。自是之後。頃公恐懼。不聽聲樂。不飲酒食肉。內愛百姓。問疾弔喪。外敬諸侯。從會與盟。卒終其身。國家安寧。是福之本生於憂。而禍起於喜也。嗚呼物之所由然。其於人切近。可不省邪。竹林

秋七月齊侯使國佐如師。己酉及國佐盟于袁婁。

齊國佐不辱君命。而尊諸侯。此春秋之救文以質也。王道

冬楚師鄭師侵衞。

是伐喪也。伐喪無義。竹林

三　年

甲子新宮災。三日哭。

成居喪亡哀戚心。數興兵戰伐。故天災其父廟。示失子道。不能奉宗廟也。五行志上

鄭伐許。

奚惡於鄭。而夷狄之。曰衞侯遬卒。鄭師侵之。是伐喪也。鄭與諸侯盟於蜀。以盟而歸諸侯。於是伐許。是叛盟也。伐喪無義　叛盟無信。無信無義。故大惡之。竹林

四　年

鄭伯伐許。

問者曰。是君死。其子未踰年。有稱伯不子。法辭何罪。曰先王之制。有大喪者三年不呼其門。順其志之不在事也。書云高宗諒闇。三年不言。居喪之義也。今縱不能如是。奈何其父卒未踰年。卽以喪舉兵也。春秋以薄恩。且施失其子心。故不復得稱子。謂之鄭伯。以辱之也。竹林

五　年

梁山崩。

臣下上僭。不能禁止。梁山崩。壅河三日不流。春秋異之。以此見悖亂之徵。王道

春秋書以爲大異。奉本

山陽君也。水陰民也。天戒若曰。君道崩壞。下亂百姓。將失其所矣。哭然後流。喪亡象也。

梁山在晉地。自晉始而及天下也。後晉暴殺三卿。厲公以弒。溴梁之會。天下大夫皆執國政。其後孫寧出衞獻。三家逐魯昭。單尹亂王室。五行志下之上

秋大水。

時成公幼弱。政在大夫。前此一年再用師。明年復城鄆以彊私家。仲孫蔑叔孫僑如顓會宋晉。陰勝陽。五行志上

六年

壬申鄭伯費卒。

鄭伯既無子恩。又不熟計。一舉兵不當。被患不窮。自取之也。是以生不得稱子。去其義也。死不得書葬。見其窮也。竹林

七年

春王正月鼷鼠食郊牛角。改卜牛。鼷鼠又食其角。乃免牛。

養牲不謹也。五行志中之上

八年

夏宋使公孫壽來納幣。

昏禮不稱主人。經禮也。辭窮無稱稱主人。變禮也。王英

宋公不宜稱而達。達陽而不達陰。以天道制之也。陽尊陰卑

秋七月天子使召伯來錫公命。

天佑而子之。號稱天子。三代改制質文

十有五年

冬十有一月叔孫僑如會晉士燮齊高無咎宋華元衞孫林父鄭公子鰌邾婁人。會吳于鍾離。

親近以來遠。未有不先近而致遠者也。故內其國而外諸夏。內諸夏而外夷狄　言自近者始也。王道

不得序而稱君。殊吳而會之。爲其夷狄之行也。觀德

十有六年

六月丙寅朔日有食之。

臣下上僭。不能禁止。日爲之食。春秋異之。以此見悖亂之徵。王道

後晉敗楚鄭于鄢陵。執魯侯。五行志下之下

甲午晦。

臣下上僭。不能禁止。晝晦。春秋異之。以此見悖亂之徵。王道

晉侯及楚子鄭伯戰于鄢陵。楚子鄭師敗績。

王夷。不言師敗。奉本

十有七年

十有二月丁巳朔日有食之。

臣下上僭。不能禁止。日爲之食。春秋異之。以此見悖亂之徵。王道後楚滅舒庸。晉弒其君。宋魚石因楚奪君邑。莒滅鄫。齊滅萊。鄭伯弒死。五行志下之下

晉殺其大夫郤錡郤州郤至。

觀乎晉厲之妄殺無罪。知行暴之報。王道

十有八年

庚申晉殺其君州蒲。

晉厲公行暴道殺無罪人。一朝而殺大臣三人。明年臣下畏恐。晉國殺之。王道

襄公

二年

冬仲孫蔑會晉荀罃齊崔杼宋華元衞孫林父曹人邾婁人薛人小邾婁人于戚。遂城虎牢。

春秋之書戰伐也。有惡有善也。恥伐喪。而榮復讎。竹林

五年

仲孫蔑衞孫林父會吳于善稻。

衞俱諸夏也。獨先內之。爲其與我同姓也。觀德

秋大雩。

先是宋魚石犇楚。楚伐宋取彭城。以封魚石。鄭畔于中國而附楚。襄與諸侯共圍彭城。城鄭虎牢以禦楚。是歲鄭伯使公子發來聘。使大夫會吳于善道。外結二國。內得鄭聘。有炕陽動衆之應。五行志中之上

六年

莒人滅鄫。

諸侯父子兄弟不宜立而立者。春秋視其國。與宜立之君。無以異也。此皆在可以然之域也。至於鄫取乎莒。以之爲同居。目曰莒人滅鄫。此在不可以然之域也。玉英

十有二月齊侯滅萊。

夫冒大辱以生。其情無樂。故賢人不爲也。而衆人疑焉。春秋以爲人之不知義而疑也。故示之以義。曰國滅君死之。正也。竹林

七年

十有二月公會晉侯宋公陳侯衞侯曹伯莒子邾婁子于鄬。鄭伯髡原如會。未見諸侯。丙戌卒于操。

鄭僖公方來會我。而道殺。春秋致其意。謂之如會。觀德

諱弒。痛强臣專君。君不得爲善也。王道

陳侯逃歸。

陳去我。謂之逃歸。觀德

八年

秋九月大雩。

時作三軍。季氏盛。五行志中之上

十年

春公會晉侯宋公衞侯曹伯莒子邾婁子滕子薛伯杞伯小邾婁子齊世子髙。會吳于柤。

吳俱夷狄也。獨先外之。爲其與我同姓也。觀德

十有四年

二月乙未朔日有食之。

臣下上僭　不能禁止。日爲之食。春秋異之。以此見悖亂之徵。王道

後衞大夫孫寧共逐獻公。立孫剽。五行志下之下

十有五年

秋八月丁巳日有食之。

臣下上僭。不能禁止。日爲之食。春秋異之。以此見悖亂之徵。王道

先是晉爲雞澤之會。諸侯盟。又大夫盟。後爲溴梁之會。諸侯在。而大夫獨相與盟。君若綴斿。不得舉手。五行志下之下

十有六年

三月公會晉侯宋公衞侯鄭伯曹伯莒子邾婁子薛伯杞伯小邾婁子于溴梁。戊寅大夫盟。

信在大夫。而春秋刺之。爲其奪君尊也。竹林

五月甲子地震。

臣下上僭。不能禁止。地震。春秋異之。以此見悖亂之徵。王道

春秋書以爲大異。奉本

先是雞澤之會。諸侯盟。大夫又盟 是歲三月諸侯爲溴梁之會。而大夫獨相與盟。五月地震矣。其後崔氏專齊。欒盈亂晉。良霄傾鄭。閽殺吳子。燕逐其君。楚滅陳蔡。

十有九年

晉士匄帥師侵齊。至穀。聞齊侯卒乃還。

春秋之法。大夫以君命出。進退在大夫也。謂將率用兵也。精華

二十年

冬十月丙辰朔日有食之。

臣下上僭。不能禁止。日爲之食。春秋異之。以此見悖亂之徵。王道

陳慶虎慶寅蔽君之明。邾庶其有叛心。後庶其以漆閭丘來奔。陳殺二慶。五行志下之下

二十有一年

邾婁庶其以漆閭丘來奔。

庶其邾婁大夫。其於我無親。以近之故。乃得顯明。奉本

九月庚戌朔日有食之。

臣下上僭。不能禁止。日爲之食。春秋異之。以此見悖亂之徵。王道

晉欒盈將犯君。後入于曲沃。五行志下之下

二十有三年

春王二月癸酉朔日有食之。

臣下上僭。不能禁止。日爲之食　春秋異之。以此見悖亂之徵。王道

後衞侯入陳儀。寧喜弑其君剽。五行志下之下

夏邾婁鼻我來奔。

鼻我邾婁大夫。其於我無親。以近之故。乃得顯明。奉本

二十有四年

秋七月甲子朔日有食之。既。

臣下上僭。不能禁止。日爲之食。春秋異之。以此見悖亂之徵。王道

比食又既。象陽將絕。夷狄主上國之象也。後六君弑。楚子果從諸侯伐鄭。滅舒鳩。魯往朝之。卒主中國。伐吳討慶封五行志下之下

大水。

先是一年齊伐晉。襄使大夫帥師救晉。後又侵齊。國小兵弱。數敵彊大。百姓愁怨。陰氣盛 五行志上

二十有七年

冬十有二月乙亥朔日有食之。

臣下上僭　不能禁止。日爲之食。春秋異之。以此見悖亂之徵。王道

禮義將大滅絕之象也。時吳子好勇。使刑人守門。蔡侯通於世子之妻。莒不早立嗣。後閽戕吳子。蔡世子般弒其父　莒人亦弒君。而庶子爭。五行志下之下

二十有八年

春無冰。

先是公作三軍。有侵陵用武之意。於是鄰國不和。伐其三鄙。被兵十有餘年。因之以饑饉。百姓怨望。臣下心離。公懼而弛緩。不敢行誅罰。楚有夷狄行。公有從楚心。不明善惡之應。五行志中之下

秋八月大雩。

先是比年晉使荀吳。齊使慶封來聘。是夏邾子來朝。襄有炕陽自大之應。五行志中之上

二十有九年

春王正月公在楚。

臣子思君。無一日無君之意也。王道

觀乎公在楚。知臣子之恩。王道

閽弒吳子餘祭。

見刑人之不可近。王道

吳子使札來聘。

吳楚國。先聘我者見賢。觀德

三十年

夏四月蔡世子般弒其君固。

天子之所誅絕。臣子弗得立。觀德

五月甲午宋災。伯姬卒。

春秋尊禮而重信。信重於地。禮尊於身。宋伯姬疑禮。而死於火。春秋賢而舉之。以爲天下法。楚莊王

宋伯姬曰。婦人夜出。傅母不在不下堂。王道

觀乎宋伯姬。知貞婦之信。王道

伯姬如宋。五年宋恭公卒。伯姬幽居。守節三十餘年。又憂傷國家之患禍。積陰生陽。故火生

災也。五行志上

天王殺其弟年夫。

刺。王道

晉人齊人宋人衞人鄭人曹人莒人邾婁人滕人薛人小邾婁人會于澶淵。

春秋之法。卿不憂諸侯。政不在大夫。竹林

刺大夫之專政也。王道

昭公

元年

夏秦伯之弟鍼出奔晉。

外出者衆。以母弟出。獨大惡之。爲其亡母。背骨肉也。觀德

三年

冬大雨雪。今本公羊經作雹董氏所據蓋作雪

臣下上僭。不能禁止。冬大雨雪。春秋異之。以此見悖亂之徵。（王道）

四年

春王正月大雨雪。

季孫宿任政。陰氣盛也。（五行志中之下）

秋七月楚子蔡侯陳侯許男頓子胡子沈子淮夷伐吳。執齊慶封殺之。

楚莊王殺陳夏徵舒。春秋貶其文。不予專討也。靈王殺齊慶封。而直稱楚子。何也。曰莊王之行賢。而徵舒之罪重。以賢君討重罪。其於人心善。若不貶。孰知其非正經。春秋常於其嫌得者。見其不得也。是故齊桓不予專地而封。晉文不予致王而朝。楚莊弗予專殺而討。三者不得。則諸侯之得殆此矣。此楚靈之所以稱子而討也。春秋之辭多所況。是文約而法明也。（楚莊王）

問者曰。不予諸侯之專封。復見於陳蔡之滅。不予諸侯之專討。獨不復見於慶封之殺。何也。曰春秋之用辭。己明者去之。未明者著之。今諸侯之不得專討。固已明矣。而慶封之罪。未有所見也。故稱楚子。以伯討之。著其罪之宜死。以爲天下之大禁。曰人臣之行。貶主之位。亂國之臣。雖不篡殺。其罪皆宜死。比於此其云爾也。（楚莊王）

七年

夏四月甲辰朔日有食之。

臣下上僭。不能禁止。日爲之食。春秋異之。以此見悖亂之徵。王道

先是楚靈王弒君而立會諸侯。執徐子滅賴。後陳公子招殺世子。楚因而滅之。又滅蔡。後靈王亦弒死。五行志下之下

八年

冬十月壬午楚師滅陳。執陳公子招。放之于越。殺陳孔瑗。

楚靈王討陳之賊。非不能正人也。然而春秋弗予。不得爲義者。我不正也。仁義法

九年

夏四月陳火。

陳夏徵舒殺君。楚靈王託欲爲陳討賊。陳國闢門而待之。至因滅陳。陳臣子尤毒恨甚。極陰生陽。故致火災。五行志上

十有一年

夏四月丁巳楚子虔誘蔡侯般。殺之于申。

楚靈王討蔡之賊。非不能正人也。然而春秋弗予。不得爲義者。我不正也。仁義法

十有二年

晉伐鮮虞。

奚惡乎晉而同夷狄也。曰春秋尊禮而重信。信重於地。禮尊於身。今晉不以同姓憂我。而强大厭我。我心望焉。故言之不好。謂之晉而已。婉辭也。楚莊王

十有三年

夏四月楚公子比自晉歸于楚。弑其君虔于乾谿。

楚公子比嫌可以立。春秋爲人不知惡。而恬行不備也。是故重累責之。以矯枉世而直之。玉杯

楚公子比脅而立。而不免於死。王道

觀乎楚公子比。知臣子之道效死之義。王道

楚靈王行强乎陳蔡。意廣以武。不顧其行。慮所美。內罷其衆。乾谿有物女。水盡則女見。水滿則不見。靈王舉發其國而役。三年不罷。楚國大怒。有行暴意。殺無罪臣成然。楚國大憾。公子棄疾卒令靈王父子自殺。而取其國。虞不離津澤。農不去疇土。而民相愛也。此非盈意之過耶。王道

觀乎楚靈。知苦民之壞。王道

十有七年

夏六月甲戌朔日有食之。

臣下上僭。不能禁止。日爲之食。春秋異之。以此見悖亂之徵。王道

時宿在畢。晉國象也。晉厲公誅四大夫。失衆心。以殺死。後莫敢責大夫。六卿遂相與比周。專晉國。君還事之。日比再食。其事在春秋後。故不載於經。五行志下之下

冬有星孛于大辰。

春秋書以爲大異。奉本

臣下上僭。不能禁止。彗星孛于大辰。春秋異之。以此見悖亂之徵。王道

大辰心也。心在明堂。天子之象。後王室大亂。三王分爭。此其效也。五行志下之下

十有八年

夏五月壬午宋衞陳鄭災。

春秋書以爲大異。奉本

象王室將亂。天下莫救。故災四國。言亡四方也。又宋衞陳鄭之君皆荒淫於樂。不恤國政。與周室同行。陽失節則火災出。是以同日災也。五行志上

十有九年

夏五月戊辰許世子止弑其君買。

許止嫌無子罪。春秋爲人不知惡。而恬行不備也。是故重累積之 以矯枉世而直之。玉杯

許世子止不嘗藥。而誅爲弑父 王道

己卯地震。

春秋書以爲大異。奉本

臣下上僭。不能禁止。地震。春秋異之。以此見悖亂之徵。王道

是時季氏將有逐君之變。其後宋三臣曹會皆以地叛。蔡莒逐其君。吳敗中國。殺二君。五行志下之上

冬葬許悼公。

春秋君殺賊討。則善而書其誅。若莫之討。則君不書葬。以爲無臣子也。夫名爲弑父。而實免罪者已有之矣。子不嘗藥。故加之殺父。臣不討賊。故加之弑君。其義一也。所以示天下廢臣子之節。其惡之大若此也。玉杯

二十有一年

秋七月壬午朔日有食之。

臣下上僭。不能禁止。日爲之食。春秋異之。以此見悖亂之徵。王道

周景王老。劉子單子專權。蔡侯朱驕。君臣不説之象也。後蔡侯朱果出奔。劉子單子立王猛五行志下之下

二十有二年

秋劉子單子以王猛入于王城。

分爲東西周。無以先天下。王道

十有二月癸酉朔日有食之。

臣下上僭。不能禁止。日爲之食。春秋異之。以此見悖亂之徵。王道

宿在心。天子之象也。後尹氏立王子朝。天王居于狄泉。五行志下之下

二十有三年

戊申吳敗頓胡沈蔡陳許之師于雞父。胡子髡沈子楹滅。獲陳夏齧。

吳不得與中國爲禮。觀德

天王居于狄泉。

天子三年然後稱王。經禮也。有故則未三年而稱王。變禮也。王英

八月乙未地震。

春秋書以爲大異。奉本

臣下上僭。不能禁止。地震。春秋異之。以此見悖亂之徵。王道

是時周景王崩。劉單立王子猛。尹氏立子朝。其後季氏逐昭公。黑肱叛邾。吳殺其君僚。宋五大夫晉二大夫皆以地叛。五行志下之上

冬。公如晉。至河。公有疾乃復。

公如晉而大辱。春秋爲之諱。而言有疾。隨本消息

問者曰。晉惡而不可親。公往而不敢至。乃人情耳。君子何恥而稱公有疾也。曰惡無故自來。君子不恥。內省不疚。何憂於志。是已矣。今春秋恥之者。昭公有以取之也。臣陵其君。始於文而甚於昭。公受亂陵夷。而無懼惕之心。囂囂然輕計妄討。犯大禮而取同姓。接不義而重自輕。人之言曰。國家治則四鄰賀。國家亂則四鄰散。是故季孫專其位。而大國莫之正。出走八年。死乃得歸。身亡子危。困之至也。君子不恥其困。而恥其所以窮。昭公雖逢此時。苟不取同姓。詎至於是。雖取同姓。能用孔子自輔。亦不至如是。時難而簡。行枉而無救。是其所以窮也。楚莊王

二十有四年

夏五月乙未朔日有食之。

臣下上僭。不能禁止。日爲之食。春秋異之。以此見悖亂之徵。王道

宿在胃。魯象也。後昭公爲季氏所逐。五行志下之下

二十有五年

有鸜鵒來巢。

臣下上僭。不能禁止。鸜鵒來巢。春秋異之。以此見悖亂之徵。王道

有蜚有蜮不言來者。氣所生。所謂眚也。言來者氣所致。所謂祥也。鸜鵒夷狄穴藏之禽。來至中國。不穴而巢。陰居陽位。象季氏將逐昭公。去宮室而居外野也。鸜鵒白羽。旱之象也。穴居而好水。黑色。爲主急之應也。天戒若曰。既失衆。不可急暴。急暴陰將持節。陽以逐爾。去宮室而居外野矣。昭不寤。而舉兵圍季氏。爲季氏所敗。出奔于齊。遂死于外野。五行志中之下

秋七月上辛大雩。季辛又雩。

春秋分十二世。以爲三等。有見。有聞。有傳聞。有見三世。有聞四世。有傳聞五世。故哀定昭。君子之所見也。襄成文宣。君子之所聞也。僖閔莊桓隱。君子之所傳聞也。所見六十一年。所聞八十五年。所傳聞九十六年。於所見微其辭。於所聞痛其禍。於傳聞殺其恩。與情俱也。

是故逐季氏。而言又雩。微其辭也。楚莊王

十有一月己亥宋公佐卒于曲棘。

先憂我者見尊。觀德

二十有七年

夏四月吳弒其君僚。

非其位。不受之先君。而自卽之。春秋危之。吳王僚是也。玉英

三十有一年

十有二月辛亥朔日有食之。

臣下上僭。不能禁止。日爲之食。春秋異之。以此見悖亂之徵。王道

宿在心。天子象也。時京師微弱。後諸侯果相率而城周。宋中幾亡尊天子之心。而不衰城。五行志下之下

定公

元年

冬十月霣霜殺菽。

菽草之彊者。天戒若曰。加誅於彊臣。言菽以微見季氏之罰也。五行志中之下

二年

夏五月壬辰雉門及兩觀災。

此皆奢僭過度者也。先是季氏逐昭公。昭公死于外。定公卽位。既不能誅季氏。又用其邪說。淫於女樂。而退孔子。天戒若曰。去高顯而奢僭者。五行志上兩觀僭禮之物。天災之者。若曰僭禮之臣可以去。已見辠徵。而後告可去。此天意也。定公不知省。五行志上

冬十月新作雉門及兩觀。

譏驕溢不恤下也。王道

四年

楚人圍蔡。

觀乎楚昭王之伐蔡。知無義之反。王道

冬十有一月庚午蔡侯以吳子。及楚人戰于柏莒。楚師敗績。

吳變而反道。乃爵而不殊。觀德

闔廬能正楚蔡之難矣。而春秋奪之義辭。以其身不正也。仁義法

楚平王行無度。殺伍子胥父兄。蔡昭公朝之。因請其裘。昭公不與。吳王非之。舉兵加楚。大敗之。君舍乎君室。大夫舍乎大夫室。妻楚王之母。貪暴之所致也。王道

伍子胥一夫之士也。去楚干闔廬 遂得意於吳。所託者誠是。何可禦邪。滅國

五　年

春王正月辛亥朔日有食之。

臣下上僭。不能禁止。日爲之食。春秋異之。以此見悖亂之徵。王道

後鄭滅許。魯陽虎作亂。竊寶玉大弓。季桓子退仲尼。宋三臣以邑叛。五行志下之下

於越入吳。

伍子胥諫吳王。以爲越不可不取。吳王不聽。至死伍子胥。還九年越果大滅吳國。春秋明此。存亡道可觀也。王道

六　年

季孫斯仲孫忌帥師圍運。

始言大惡殺君亡國。終言赦小過。是亦始於麤粗。終於精微。教化流行。德澤大洽。天下之人人有士君子之行。而少過矣。亦譏二名之意也。（俞序）

魯晉俱諸夏也。譏二名。獨先及之。（觀德）

十有二年

十有一月丙寅朔日有食之。

臣下上僭。不能禁止。日爲之食。春秋異之。以此見悖亂之徵。（王道）

後晉三大夫以邑叛。薛弒其君。楚滅頓胡。越敗吳。衛逐世子。（五行志下之下）

十有三年

秋晉趙鞅入于晉陽以叛。

臣不奉君命。雖善以叛言。晉趙鞅入于晉陽以叛。是也。（順命）

十有四年

秋齊侯宋公會于洮。

春秋殺隱桓以爲遠祖。宗定哀以爲考妣。大國齊宋離言會。（奉本、今本言上有不字、從天啓本注所引之一本而删）

十有五年

鼷鼠食郊牛。牛死。改卜牛。

養牲不謹也。五行志中之上

八月庚辰朔日有食之。

臣下上僭。不能禁止。日爲之食。春秋異之。以此見悖亂之徵。王道

宿在留。周室大壞。夷狄主諸夏之象也。明年中國諸侯。果果果從楚而圍蔡。蔡恐遷于州來。

晉人執戎蠻子歸于楚。京師楚也。五行志下之下

哀公

元年

鼷鼠食郊牛。

養牲不謹也。五行志中之上

三年

春齊國夏衞石曼姑帥師圍戚。

變天地之位。正陰陽之序。直行其道。而不忌（原作忘、從蘇說而改、）其難。義之至也。是故辭父之命。而不爲不承親。義矣夫。（精華）

王父父所絕。子孫不得屬。衞輒之辭父命。是也。（觀德）

子不能奉父命。則有伯討之罪。衞世子蒯聵。是也。（順命）

難者曰。公子目夷祭仲之所爲者。皆存之事君。善之可也。曼姑非有此事。而所欲恃者。皆不宜立者。何以得載乎義。曰君之立不宜立者非也。既立之大夫奉之是也。曼姑之所得爲義也。（玉英）

夏四月甲午地震。

春秋書以爲大異。（奉本）

臣下上僭。不能禁止。地震。春秋異之。以此見悖亂之徵。（王道）

五月辛卯桓宮僖宮災。

此二宮不當立。違禮者也。哀公又以季氏之故。不用孔子。孔子在陳。聞魯災曰。其桓僖之宮乎。以爲桓季氏之所出。僖使季氏世卿者也。（五行志上）

二者同事。所爲一也。若曰燔貴而去不義云爾。哀公未能見。（五行志下）

冬十月癸卯秦伯卒。

春秋殺隱桓。以爲遠祖。宗定哀以爲考妣。微國之君卒葬之禮。錄而辭繁。奉本

四　年

晉人執戎曼子赤。歸于楚。

京師楚也。五行志下之下

六月辛丑蒲社災。

紂爲無道自賢。周發兵。不期會於孟津者八百。諸侯共誅紂。大亡天下。春秋以爲戒曰。蒲社災。王道

觀乎蒲社。知驕溢之罰。王道

亡國之社。所以爲戒也。天戒若曰。國將危亡。不用戒矣。春秋火災。屢於定哀之間。不用聖人。而縱驕臣將以亡國。不明甚也。五行志上

蒲社不當立。天燔其不當立者。以示魯。欲其去亂臣而用聖人也。五行志上

八　年

吳伐我。

春秋殺隱桓。以爲遠祖。宗定哀以爲考妣。當此之時。魯無鄙疆。諸侯之伐哀者皆言我。奉本

歸邾婁子益于邾婁。

春秋推天施而順人理。以至辱不可以加於至尊大位。故雖失位弗君也。已反國復在位矣。而春秋猶有不君之辭。竹林

十有三年

公會晉侯及吳子于黃池。

春秋殺隱桓。以爲遠祖。宗定哀以爲考妣。遠夷之君。內而不外。奉本

以兩伯之辭言。不以爲外。以近內也。奉本

吳變而及道。乃爵而不殊。觀德

冬十有一月有星孛于東方。

春秋書以爲大異。奉本

臣下上僭。不能禁止。彗星見于東方。春秋異之。以此見悖亂之徵。王道

不言宿名者。不加宿也。以辰乘日。而出亂氣。蔽君明也。明年春秋事終。五行志下之下

十有四年

春西狩獲麟。

子曰。吾道窮。吾道窮。隨本消息

重澤俊郎編

左傳賈服注攟逸

東方文化學院京都研究所
研究報告第八册

昭和丙子六月東方文化學院京都研究所刊

自唐貞觀正義春秋用杜賈服漢儒之學漸微逮宋南渡其書遂亡至元明注家師心蔑古不必墨守征南何有於賈服清乾嘉之際經學昌明繼踵兩漢績學之士深痛古義陻滅博搜朽殘輯佚之業於是乎起其於左氏謂非賈服不足以闡經傳精義上自五經正義史記集解下至水經文選注發隱鉤沈似無餘藴然平心而論亦有三失春秋釋例多收劉賈舊說而前輩遺之是爲一失周官疏引左氏注不題其名氏而稽諸元凱多不相合考舊唐書賈公彥本傳夙治北學則知其熟於二家深矣分別取之未必爲濫清儒不然是爲二失太平御覽所錄左氏注往往與杜異而既脫姓氏其誰擬之御覽成於宋初經籍之存於當時者賈服以外應多注左之書欲從其豐則薰蕕並採欲從其省則玉石俱焚先人不復分別雜取以爲賈服是爲三失又我國舊傳玉燭寶典多載服義補輯之責其在我輩於是喟然長息披群籍而覓隋珠於蚌蛤稽先儒以求折中於至善所得者凡一千六百餘條其

增多先儒者一百七十餘條正先儒之誤者一百一十餘條分爲十有三卷客或難曰子已輯賈服注其與杜不同者必迭有得失何故不論曰夫二家之注斷爛之餘耳至其短者則寥寥數語首尾不完卽精思好古之人猶不能通其義況於淺陋如僕者且夫輯蒐之業務在網羅正文不遺片字若較量諸家辨別異義是在讀者焉客唯唯而退乃綴次其言以爲序昭和十有一年夏五月重澤俊郎

凡例

一書中引成文者題曰某曰

一不引成文取義爲文者題曰某義

一文之約略義之難通以私意補文字者附〔〕以明之

一春秋釋例左傳禮記疏引先儒舊説其義往往與公羊相類賈服注居多是理之易知者不忍以無姓氏盡捨去今併錄使治二家學者參稽焉

一周禮疏太平御覽引左氏注疑爲賈服者以未得質言收之坿篇其稍有證者則注於各條之下

參考輯佚賈服注姓氏

余氏蕭客	古經解鉤沈
王氏謨	漢魏遺書鈔
袁氏鈞	鄭氏佚書
嚴氏蔚	春秋內傳古注輯存
洪氏亮吉	左傳詁
李氏貽德	左傳賈服注輯述
馬氏國翰	玉函山房輯佚書
黃氏奭	漢學堂叢書
沈氏豫	左傳服注存

左傳賈服注攟逸隱公弟一

序

賈曰孔子覽魯史記就是非之說立素王之法杜預序或曰春秋之作疏

賈曰取法陰陽之中春爲陽中萬物以生秋爲陰中萬物以成欲使人君動作不失中也杜預序故史之所記疏

賈曰周禮盡在魯矣史法最備故史記與周禮同名杜預序孟子曰疏

賈曰大史公十二諸侯年表序云魯君子左丘明作傳杜預序題下疏

服虔所注題曰隱公左氏傳解誼第一序疏

隱公左氏傳解誼第一

傳孟子卒

服曰嫌與惠公俱卒故重言之本疏

傳繼室以聲子

服曰聲子之謚非禮也 通典卷一百四

服義 聲子爲謚服虔諸儒以爲非 晉書禮志中

傳是以隱公立而奉之

賈曰隱立桓爲大子奉以爲君 本疏

隱元年

經三月公及邾儀父盟于蔑

賈義 劉許賈穎濫以經諸及字爲義 釋例及會例

經九月及宋人盟于宿

賈曰盟載詳者日月備易者日月略 釋例大夫卒例

傳元年春王周正月

服曰孔子作春秋於春每月書王以統三王之正 本經疏

傳不書卽位攝也

賈曰不書卽位所以惡桓之簒釋例卽位例

賈曰恩深不忍則傳言不稱恩淺可忍則傳言不書釋例卽位例

賈服曰四公皆實卽位孔子修經乃有不書本疏

傳曰儀父貴之也

賈服曰儀父嘉隱公有至孝謙讓之義而與結好故貴而字之善其慕賢說讓本經疏

傳未王命故不書爵

服曰爵者醮也所以醮盡其材也本疏

賈服義　賈服以爲北杏之會時已得王命本疏

傳初鄭武公娶于申

賈曰凡言初者隔其年後有禍福將終之乃言初也本疏

傳共叔段

賈服義　賈服以共爲謚 本疏

傳虢叔死焉

賈曰虢叔封西虢仲封東 本疏

傳請京

賈曰京鄭都邑 史記鄭世家集解

傳都城過百雉

賈曰雉長三丈 本疏

賈服曰雉長三丈 周禮典命上公九命爲伯疏

傳出奔共

賈曰共國名也 史記鄭世家集解

傳大叔完聚

服義　服虔以聚爲聚禾黍也 本疏

傳謂之鄭志

服曰公本欲養成其惡而加誅使不得生出此鄭伯之志意也 本疏

傳遂寘姜氏于城潁

賈曰鄭地也 史記鄭世家集解

傳不及黃泉無相見也

服曰天玄地黃泉在地中故言黃泉 史記鄭世家集解○文選卷二十九古詩十九首注○卷四十八揚子雲劇秦美新注○卷二十八繆熙伯挽歌詩注在作注言作曰

傳爲潁谷封人

賈曰潁谷鄭地 史記鄭世家集解

傳公入而賦大隧之中其樂也融融姜出而賦大隧之外其樂也洩洩

服曰入言公出言姜明俱出入互相見 本疏

傳秋七月天王使宰咺來歸惠公仲子之賵

賈曰諸夏稱天王畿内曰王夷狄曰天子王使榮叔歸含且賵以恩深加禮妾母恩同畿内故稱王成公八年乃得賜命與夷狄同故稱天子成八年經秋七月疏

賈曰畿内稱王諸夏稱天王夷狄稱天子成八年穀梁傳疏

服義　許慎服虔等依京師曰王夷狄曰天子禮記曲禮下君天下曰天子疏〇此注蓋非全文

服曰咺天子宰夫周禮大行人間問以諭諸侯之志疏

服曰賵覆也天王所以覆被臣子本經疏

傳同軌畢至

服義　服虔以軌爲車轍也本疏

傳改葬惠公公弗臨

賈曰改葬改備禮也葬嗣君之事公不臨言無恩禮曰改葬緦也太平御覽卷五百五十三〇緦一本作細

傳有宋師

服義　服虔以爲宋師卽黃之師也是時宋來伐魯公自與戰本疏

傳公不與小斂故不書日

賈曰不與大斂則不書卒本疏

先儒義　先儒以爲雖以卿禮終而不臨其喪皆沒而不書本經疏

隱二年

經無駭帥師入極

賈曰春秋之序三命以上乃書於經釋例爵命例

賈曰極戎邑也本疏

經十有二月乙卯夫人子氏薨

賈曰日月詳者弔贈備日月略者弔有闕 釋例崩薨卒例

隱三年

傳爲平王卿士

賈曰卿士之有事者六卿也 太平御覽卷四百八十

傳潢汙行潦之水

服曰畜小水謂之潢水不流謂之汙行潦道路之水 本疏

服曰蓄小水謂之潢不洩謂之汙 文選卷四十五揚子雲答賓戲注

傳東宮得臣之妹

服曰得臣齊大子名居東宮 詩碩人疏

傳石碏諫曰

賈曰石碏衛上卿 史記衛世家集解

傳驕奢淫泆所自邪也

服曰言此四者過從邪起 本疏

隱四年

經戊申衞州吁弒其君完

賈曰弒君取國故以國言之 釋例氏族例

經夏公及宋公遇于清

賈義 劉賈以遇者用冬遇之禮 本疏

經殺州吁于濮

賈曰濮陳地 史記衞世家索隱

傳將脩先君之怨於鄭

服曰隱二年鄭人伐衞是也 詩擊鼓序疏

服曰〔先君〕莊公 詩擊鼓序疏

服義 服虔以先君爲莊公 本疏

傳以除君害

服曰公子馮將爲君之害 詩擊鼓序疏

傳敝邑以賦與陳蔡從

服曰賦兵也以田賦出兵故謂之賦 詩擊鼓序疏

傳故宋公陳侯蔡人衞人伐鄭

服曰衞使宋爲主使大夫將故敍衞於陳蔡下 詩擊鼓序疏

傳使右宰醜涖殺州吁于濮

服曰右宰醜衞大夫濮陳地 史記衞世家集解

傳衞人逆公子晉于邢

賈曰邢周公之亂姬姓國 史記魯世家集解

隱五年

經公矢魚于棠

賈曰棠魯地陳漁而觀之史記魯世家集解
傳昭文章
服義　服虔解此亦引司馬職文本疏
傳鳥獸之肉不登於俎皮革齒牙骨角毛羽不登於器
服義　服虔以上登爲升下登爲成本疏
傳九月考仲子之宮
服曰宮廟初成祭之名爲考將納仲子之主故考成以致其五祀之神以堅之本經疏
傳天子用八諸侯用六大夫四士二
服曰天子八八諸侯六八大夫四八士二八宋書樂志〇通典卷一百四十七
服義　服虔以用六爲六八四十八大夫四爲四八三十二士二爲二八十六本疏

傳夫舞所以節八音而行八風
服義 服虔以爲八卦之風乾音石其風不周坎音革其風廣莫艮音匏其風融震音竹其風明庶巽音木其風清明離音絲其風景坤音土其風涼兑音金其風閶闔 本疏

傳叔父有憾於寡人
服曰諸侯稱同姓大夫長曰伯父少曰叔父 詩伐木疏

隱六年

傳春鄭人來渝平
服曰公爲鄭所獲釋而不結平於是更爲約束以結之故曰渝平 本疏

傳秋宋人取長葛
賈服義 賈服以爲長葛不繫鄭者刺不能撫有其邑 本經疏

隱七年

經春王三月叔姬歸于紀

賈曰書之者刺紀貴叔姬 本疏

傳初戎朝于周發幣于公卿凡伯弗賓

服曰戎以朝禮及公卿大夫發陳其幣凡伯以諸侯爲王卿士不修賓主之禮敬報於戎是以冬天王使凡伯來聘還戎伐之於楚丘以歸 儀禮覲禮侯氏升致命疏

傳歃如忘

服曰如而也 釋文

服曰如而也臨歃而忘其盟載之辭言不精也 本疏

隱八年

傳先配而後祖

賈義 賈逵以配爲成夫婦也禮齊而未配三月廟見然後配 本疏

賈服義　賈服之義大夫以上無問舅姑在否皆三月見祖廟之後乃始成昏故譏鄭公子忽先爲配匹乃見祖廟 禮記曾子問三月而廟見疏

傳諸侯以字爲氏

服曰公之母弟則以長幼爲氏貴適統伯仲叔季是也庶公子則以配字爲氏 本疏

○杜本氏作謚爲謚二字下屬爲句服本蓋作氏五帝本紀集解所引駁異義亦作氏可證

傳官有世功則有官族邑亦如之

服義　服虔止謂異姓又引宋司城韓魏爲證 本疏

隱九年

傳先者見獲必務進

服曰先者見獲言必不往相救各自務進言其貪利也 本疏

隱十一年

經冬十有一月壬辰公薨

賈曰君弒不書葬賊不討也 釋例弔贈葬例

傳春滕侯薛侯來朝爭長

服曰爭長先登授玉 儀禮覲禮諸侯前朝疏

傳周之宗盟異姓爲後

賈義 賈逵以宗爲尊 本疏〇路史前記卷八

服義 服虔以宗盟爲同宗之盟 本疏

傳潁考叔挾輈以走

服曰考叔挾車轅箠馬而走 本疏

傳使營菟裘吾將老焉

服曰菟裘魯邑也營菟裘以作宮室欲居之以終老 史記魯世家集解

傳禱於其主鍾巫

賈曰鍾巫祭名也史記魯世家集解

傳館于蔿氏

服曰館舍也蔿氏魯大夫史記魯世家集解

○杜本蔿字作寪服本蓋如此

左傳賈服注攟逸桓公弟二

桓元年

傳宋華父督見孔父之妻于路目逆而送之

服曰督戴公之孫目者極視睛不轉也史記宋世家集解

桓二年

經宋督弑其君

賈義　賈氏以爲督有無君之志故去氏釋例氏族例

經及其大夫孔父

先儒義　先儒皆隨加善例釋例書弑例

先儒義　先儒皆以善孔父而書字本疏

傳會于稷以成宋亂

服義　鄭衆服虔皆以成宋亂爲成就宋亂　本年經夏四月取郜大鼎于宋疏

傳宋殤公立十年十一戰

賈曰一戰伐鄭圍其東門二戰取其禾三戰取邾田四戰邾鄭伐宋入其郛五戰伐鄭圍長葛六戰鄭以王命伐宋七戰魯敗宋師于菅八戰宋衞入鄭九戰伐戴十戰鄭入宋十一戰鄭伯以虢師大敗宋　史記宋世家集解

服曰與夷隱四年卽位一戰伐鄭圍其東門再戰取其禾皆在隱四年三戰取邾田四戰邾鄭入其郛五戰伐鄭圍長葛皆在隱五年六戰鄭伯以王命伐宋在隱九年七戰公敗宋師于菅八戰宋衞入鄭九戰宋人蔡人衞人伐戴十戰戊寅鄭伯入宋皆在隱十年十一戰鄭伯以虢師大敗宋師在隱十一年　本疏

傳淸廟茅屋

賈曰肅然淸靜謂之淸廟（詩淸廟序疏）

傳大路越席

服曰大路總名也如今駕駟高車矣尊卑俱乘之其采飾有差（後漢書輿服志注）

服曰大路祀天車也越席結括草以爲席也（史記禮志集解）

服曰大路木路（本疏）

傳藻率

服義　服虔以藻爲畫藻率爲刷巾（本疏）

服曰禮有刷巾（本疏）

傳鞶厲

服曰鞶大帶（禮記內則子能食疏）

服義　服虔以鞶爲大帶（詩都人士疏）

賈服義　賈服等說鞶厲皆與杜同 本疏

傳游纓

服曰纓如索帬今乘輿大駕有之 本疏

傳錫鸞和鈴

服曰鸞在鑣和在衡 史記禮書集解

傳三辰

服曰三辰日月星也 詩大明疏

服曰三辰謂日月星 儀禮覲禮天子乘龍疏

傳旂旗

服曰九旗之摠名 儀禮覲禮天子乘龍疏

傳武王克商遷九鼎于雒邑

服曰今河南有鼎中觀 尚書召誥序疏

傳蔡侯鄭伯會于鄧

賈服義　賈服以鄧爲國 本經疏

傳師服

賈曰晉大夫 史記晉世家集解

傳士有隸子弟

服曰士卑自其子弟爲僕隸祿不足以及宗 儀禮既夕記朔月童子執帚卻之左手奉之疏

傳下無窺覦

服曰窺謂舉足而視也 一切經音義卷二十一

○杜本窺作闚服本蓋如此

傳哀侯侵陘庭之田

賈曰翼南鄙邑名 史記晉世家集解

桓三年

經春王正月

賈曰不書王弑君易祊田成宋亂無王也元年治桓二年治督十年正曹伯十八年終始治桓 本疏

先儒義 先儒多用穀梁之說 本疏

經公子翬如齊逆女

賈曰使翬逆女兼修艾之盟 釋例內外君臣逆女例

經有年

賈曰桓惡而有年豐異之也言有非其所宜有 本疏

賈義 劉賈許以爲經諸言有皆不宜有之辭也 釋例

傳韓萬御戎

賈曰韓萬曲沃桓叔之子莊伯弟 史記晉世家集解

服曰韓萬晉大夫曲沃桓叔之子莊伯之弟晉爲大夫以韓爲氏也 詩韓奕序疏

桓五年

經大雩

賈曰言大雩者別於山川之雩 穀梁本經疏

賈曰言大別山川之雩 本傳疏

傳虢公林父將右軍蔡人衛人屬焉周公黑肩將左軍陳人屬焉

服曰言人者時陳亂無君則三國皆大夫也故稱人 詩伯兮序疏

傳旝動而鼓

賈義 賈逵以旝爲發石一曰飛石引范蠡兵法作飛石之事以證之 本疏〇范蠡兵法漢書甘延壽傳注引

傳秋大雩

服曰大雩夏祭天名雩遠也遠爲百穀求膏雨也一說大雩者祭於帝而祈雨也 後漢書禮儀志注

服曰雩遠也遠爲百穀祈膏雨言大別山川之雩也 禮記月令仲夏之月疏

賈服義 賈服以雩爲遠 本年傳龍見而雩疏

先儒義 注春秋者以雩爲遠謂遠爲百穀求雨 禮記月令仲夏之月疏

傳啓蟄而郊

服曰啓蟄者謂正月陽氣始達發土開蟄農事始作故郊祀后稷以配天祈農 玉燭寶典正月

服曰一說郊祀天祈農事 後漢書禮儀志注

服曰魯祭天以孟月祭宗廟以仲月 禮記王制天子社稷皆大牢疏

傳龍見而雩

服曰龍角每謂四月昏龍星體畢見也 玉燭寶典孟夏

服曰龍角亢也謂四月昏龍星體見萬物始盛待雨而大故雩祭以求雨也一說雩祭山川而祈雨也 後漢書禮儀志注

傳始殺而嘗

服曰謂七月陰氣始殺萬物可嘗鷹祭鳥可嘗祭之也 玉燭寶典孟秋

賈服義 賈服始殺唯據孟秋不通建酉之月 本疏

傳閉蟄而烝

服曰謂十月盛陰在上物成者衆故曰烝 玉燭寶典孟冬

傳冬淳于公如曹

服曰春秋前以黜陟之法進爵爲公 本經疏

桓六年

經秋八月壬午大閱

賈曰簡車馬于廟也 公羊本經疏

經九月丁卯子同生

賈曰不稱大子者書始生 禮記曾子問君薨而世子生疏

傳楚武王侵隨

賈曰隨姬姓 史記楚世家集解

傳吾牲肥腯

服曰牛羊曰肥豕曰腯 本疏

傳嘉栗旨酒

服曰穀之初熟爲栗 詩生民疏

傳九月丁卯子同生

服曰桓公之子莊公同 太平御覽卷一百四十六

傳公問名於申繻

賈曰申繻魯大夫 史記魯世家集解

傳以德命爲義

服曰謂若大王度德命文王曰昌文王命武王曰發 本疏

傳不以畜牲

服義　鄭衆服虔皆以六畜爲馬牛羊豕犬雞 本疏

傳不以器幣

服義　服虔以爲俎豆罍彝犧象之屬皆不可以爲名也 本疏

傳宋以武公廢司空

服義　宋以武公諱司空者桓六年左傳申繻之辭也知有司城者以春秋之時唯宋有司城無司空又冬官考工記匠人營國是司空主營城郭故知廢司空爲司城服虔杜預注傳皆以爲然 禮記檀弓下陽門之介夫死疏

桓七年

傳穀伯鄧侯來朝名賤之也

服曰穀鄧密邇於楚不親仁善鄰以自固卒爲楚所滅无同好之救桓又有弑賢兄之惡故賤而名之本疏

桓九年

傳曹大子其有憂乎非歎所也

服曰古之爲享食所以觀威儀省禍福無喪而慼憂必讎焉今大子臨樂而歎是父將死而兆先見也本疏

服曰古之享食所以觀威儀省禍福无喪而慼憂必及焉曹大子臨樂而歎故曰其有憂乎父將死兆故先見之也太平御覽卷一百四十六

桓十一年

經九月宋人執鄭祭仲

先儒曰鄭人嘉之以字告故書字釋例執大夫行人例

先儒義　左氏先儒亦以爲字　桓五年傳夜鄭伯使祭足勞王疏

傳春齊衞鄭宋盟于惡曹

服義　服虔以爲不書宋宋後盟　本疏

傳君多內寵

服曰言庶子有寵者多　史記鄭世家集解

傳宋雍氏女於鄭莊公

賈曰雍氏黄帝之孫姞姓之後爲宋大夫　史記鄭世家集解

傳雍氏宗有寵於宋莊公

服曰爲宋正卿故曰有寵　史記鄭世家集解

桓十三年

傳夫固謂君訓衆而好鎭撫之

服曰夫謂鬬伯比也　襄二十三年傳夫石猶生我疏

傳夫豈不知楚師之盡行也

服曰夫謂鬭伯比也 襄二十三年傳夫石猶生我疏

傳及齊與宋衞燕戰

賈服義〔衞先君未葬而經稱爵者〕賈服注譏其不稱子 禮記曲禮下諸侯見天子疏

傳不書所戰後也

服曰下日者公至而後定戰日 本疏

桓十四年

傳秋八月壬申御廩災乙亥嘗書不害也

服曰魯以壬申被灾至乙亥而嘗不以灾害爲恐 本經疏

桓十五年

傳使其壻雍糾殺之

賈曰雍糾鄭大夫 史記鄭世家集解
傳秋鄭伯因櫟人
服曰櫟鄭之大都 水經潁水注
服曰櫟鄭大都 史記周本紀集解
傳殺檀伯
服曰檀伯鄭守櫟大夫 水經潁水注
桓十六年
傳烝於夷姜
服曰上淫曰烝 詩雄雉序疏
傳宣姜與公子朔構急子
服曰構會其過惡 詩二子乘舟疏
傳使盜待諸莘

服曰莘衛東地　詩二子乘舟疏

桓十七年

經五月丙午及齊師戰于奚

賈服義　賈服之義若登臺而不視朔則書時不書月若視朔而不登臺則書月不書時若雖無事視朔登臺則空書時月　禮記中庸仲尼祖述堯舜疏

經秋八月蔡季自陳歸于蔡

賈義　賈氏又以爲諸歸國稱所自之國所自之國有力也　釋例歸入納例

經癸巳葬蔡桓侯

賈曰桓卒而季歸無臣子之辭也　本疏

傳天子有日官諸侯有日御日官居卿以厎日禮也

服曰日官日御典厤數者也是居卿者使卿居其官以主之重厤數也　周

禮大史掌建邦之六典疏

桓十八年

傳齊侯通焉

服曰傍淫曰通凡淫曰通 詩雄雉序疏

傳夏四月丙子享公

服曰爲公設享讌之禮 史記魯世家集解

傳秋齊侯師于首止

服曰首止近鄭之地 史記鄭世家集解

傳祭仲逆鄭子于陳而立之

服曰鄭子昭公弟子儀也 詩出其東門序疏

傳而立王子克

賈曰莊王弟子儀也 史記周本紀集解

傳辛伯告王

賈曰辛伯周大夫也 史記周本紀集解

左傳賈服注攟逸莊公弟三

莊元年

經秋築王姬之館于外

先儒義　左氏先儒亦用穀梁之說 本疏

傳元年春不稱卽位文姜出故也

服曰文姜通於兄齊襄與殺公而不反父殺母出隱痛深諱朞而中練思慕少殺念至於母故經書三月夫人遜於齊 魏書竇瑗傳

賈服義　賈逵服虔皆以爲桓公之薨至是年三月朞而小祥公憂思少殺念及於母以其罪重不可以反之故書遜于齊耳其實先在於齊本未歸也 詩南山序疏

服曰蓋魯桓公之喪從齊來 詩南山序疏○此一條未知其所施姑附於此以俟君子

服義　以文姜爲二年始來　詩南山序疏○此一條未知其所施姑附於此以俟君子

傳三月夫人孫于齊

先儒義　左氏先儒皆用公羊穀梁之說　上元年春不稱卽位文姜出故也疏

傳不稱姜氏絶不爲親禮也

服曰夫人有與殺桓之罪絶不爲親得尊父之義善莊公思大義絶有罪故曰禮也　魏書竇瑗傳

先儒曰傳稱絶不爲親禮也謂莊公絶母不復以之爲親爲父絶母得禮尊父之義故曰禮也　本疏

莊二年

經夏公子慶父帥師伐於餘丘

先儒義　左氏先儒用公羊爲說　本疏

先儒義　先儒取以爲左氏義　釋例母弟例

莊三年

經秋紀季以酅入于齊

賈義　賈逵以爲紀季不能兄弟同心以存國乃背兄歸讎書以譏之後漢書賈逵傳注

賈曰紀季以酅奔齊不言叛不能專酅也釋例書叛例

經冬公次于滑

賈義　賈氏皆卽以爲善次釋例書次例

先儒曰書次者皆美之辭本疏

傳過信爲次

賈曰魯公次于乾侯之比釋例書次例

莊四年

經六月乙丑齊侯葬紀伯姬

賈義　賈許方以諸侯禮說 釋例內女夫人卒葬例

莊六年

傳楚文王伐申過鄧

服曰鄧曼姓 史記楚世家集解

莊七年

經夏四月辛卯夜恒星不見

賈曰恒星北斗也一說南方朱鳥星也 玉燭寶典孟夏

傳夏恒星不見夜明也

服曰恒常也天官列宿常見之星也言夜明甚常見火星皆不見也 玉燭寶典孟夏

莊八年

經師次于郎以俟陳人蔡人

賈曰陳蔡欲伐魯故待之本疏
經冬十有一月癸未齊無知弒其君諸兒
賈曰弒君取國故以國言之釋例氏族例
傳春治兵于廟
服曰欲共伐郕本年經春王正月師次于郎疏
傳齊侯使連稱管至父戍葵丘
賈曰連稱管至父皆齊大夫史記齊世家集解
傳傳瓜時而往曰及瓜而代
服曰瓜時七月及瓜謂後年瓜時史記齊世家集解
傳連稱有從妹在公宮
服曰爲妾在宮也史記齊世家集解
傳齊侯游于姑棼

賈曰齊地也史記齊世家集解

傳見大豕從者曰公子彭生也

服曰公見彘從者乃見彭生鬼改形爲豕也史記齊世家集解

傳虛于雍廩

賈曰渠邱大夫也史記齊世家集解

莊九年

經齊人殺無知

賈曰君惡及國人則稱人以弑釋例書弑例

經夏公伐齊納糾

賈曰不言公子次正也本疏

賈曰稱納者内難之詞釋例歸入納例

經九月齊人取子糾殺之

賈曰稱子者愍之 本疏

傳夏公伐齊納子糾桓公自莒先入

賈服義　賈服以爲齊大夫來迎子糾公不亟遣而盟以要之齊人歸迎小白 本年經齊小白入于齊疏

傳乃殺子糾于生竇

賈曰魯地句瀆也 史記齊世家集解

傳及堂阜而稅之

賈曰堂阜魯北境 史記齊世家集解

傳治於高傒

賈曰齊正卿高敬仲也 史記齊世家集解

莊十年

經秋九月荆敗蔡師于莘

賈曰秦始皇父諱楚而改爲荊州 詩漸漸之石序疏

賈曰秦莊襄王名楚故改諱荊遂行於世 漢書高帝紀五年注

傳蒙皐皮而先犯之

服義 樂記云倒載干戈包之以虎皮名之曰建櫜而其字或作建皐故服虔引以解之 本疏

莊十一年

傳覆而敗之曰取某師

服曰覆隱也設伏而敗之謂攻其無備出其不意敵人不知敗之易故曰取 本疏

傳公使弔焉

賈曰問凶曰弔 史記宋世家集解

傳射南宮長萬

賈曰南宮氏萬名宋卿　史記宋世家集解

傳宋公靳之

服曰恥而惡之曰靳　釋文○本疏

莊十二年

經秋八月甲午宋萬弒其君捷

賈義　賈氏以爲未賜族　釋例氏族例

傳秋宋萬弒閔公于蒙澤

賈曰蒙澤宋澤名也　史記宋世家集解

先儒義　先儒旁采二傳横生異例宋之蒙澤楚之乾谿俱在國內閔公之弒則以不書蒙澤國內爲義楚弒靈王復以地乾谿爲失所　釋例書弒例

傳群公子奔蕭公子御說奔亳

服曰蕭亳宋邑也史記宋世家集解

傳陳人使婦人飲之酒而以犀革裹

服曰宋萬多力勇不可執故先使婦人誘而飲之酒醉而縛史記宋世家集解

傳宋人皆醢之

服曰醢肉醬史記宋世家集解

莊十四年

傳六年而厲公入

服曰蛇北方水物水成數六故六年而厲公入本疏

莊十六年

傳不可使共叔段無後於鄭

服曰定叔之祖共叔段有伐君之罪宜世不長而云不可使共叔先後於

鄭言其刑之偏頗鄭厲公以孽簒適同惡相恤故黨於共叔欲令其後
不絕傳所以惡厲公也 本疏

傳使以十月入曰良月也就盈數焉

服曰數滿曰十故曰盈數春秋時或可周之十月既非節候但取其盈數
故附於此也 玉燭寶典孟冬

莊十七年

經秋鄭詹自齊逃來

賈義 賈氏復申以人例 釋例逃潰例

莊十八年

傳夏公追戎于濟西不言其來諱之也

服曰桓公爲好莊公獨不能脩而見侵濟西曹地 周禮小司徒乃會萬民之卒
伍疏

傳秋有蜮爲災也

服曰短狐南方盛暑所生其狀如黿古無今有含沙射人人皮肉中其瘡如疥徧身中濩濩蜮蜮故曰災禮曰惑君則有 周禮序官蟈氏疏

服曰徧身濩濩或或故爲災 本經疏

莊二十年

傳熱燕仲父

服曰南燕伯爵 本疏

傳樂及徧舞

賈曰徧舞皆舞六代之樂也 史記周本紀集解

傳鄭伯聞之見虢叔

賈曰鄭厲公突虢公林父也 史記周本紀集解

莊二十一年

傳鄭伯享王于闕西辟

服曰西辟西偏也 本疏

傳鄭伯之享王也王以后之鞶鑑予之虢公請器王予之爵

服曰鞶鑑王后婦人之物非所以賜有功爵飲酒器玉爵也一升曰爵爵人之所貴者 本疏

莊二十二年

經春王正月肆大眚

賈義 賈逵以文姜爲有罪故赦而後葬以說臣子也魯大赦國中罪過欲令文姜之過因是得除以葬文姜 本疏

傳羇旅之臣

賈曰羇寄旅客也 史記陳世家集解

傳翹翹車乘

服曰翹翹遠貌 詩漢廣疏

傳使爲工正

賈曰掌百工 史記齊世家集解

傳臣卜其晝未卜其夜

服曰臣將享君必卜之示戒慎也 本疏

服曰臣享君必卜示敬慎也 詩湛露疏

傳五世其昌並于正卿

服曰言完後五世與卿並列 史記陳世家集解

傳八世之後莫之與京

賈曰京大也 史記陳世家集解

傳遇觀之否

賈曰坤下巽上觀坤下乾上否觀爻在六四變而之否 史記陳世家集解

賈服義　賈服及杜並皆同焉本疏

傳風行而著於土故曰其在異國乎

服曰巽在坤上故爲著土也一曰巽爲風復爲木風吹木實落去更生他

上而長育是爲在異國本疏

莊二十三年

傳士蔿

賈曰士晉晉大夫史記晉世家集解

莊二十四年

經八月丁丑夫人姜氏入

賈義　賈氏雖夫人姜氏之入皆以爲例釋例歸入納例

經戊寅大夫宗婦覿

賈曰宗婦同姓大夫之婦詩常棣疏

經曹羈出奔陳赤歸于曹

賈義　賈逵以爲羈是曹君赤是戎之外孫故戎侵曹逐羈而立赤 本疏

傳女贄不過榛栗棗脩以告虔也

先儒義　先儒以爲栗取其戰栗也棗取其早起也脩取其自脩也 本疏

莊二十五年

傳乃城聚而處之

賈曰聚晉邑 史記晉世家集解

莊二十八年

傳冬饑

服曰陰陽不和土氣不養故禾麥不成也傳言饑而經不書者得齊之糴救民之急不至於饑也傳言饑者指未糴之前說告糴之意故言饑也 本經疏

傳臧孫辰告糴于齊

服曰不言如重穀急辭本疏

服曰無庭實也儀禮聘禮若有言則以束帛如享禮疏

莊二十九年

經春新延廄

賈曰言新有故木言作有新木言廄不書作所用之木非公命也釋例作新門廄例○下言字疑誤輯本皆作延字未知何據

經城諸及防

賈曰言及先後之辭本疏

莊三十年

經秋七月齊人降鄣

賈義　劉賈依二傳以爲鄣紀之遺邑釋例遷降例○路史國名紀一

傳鬬射師諫

服曰射師若敖子鬬班也本疏

莊三十二年

經春城小穀

賈曰不繫齊者世其祿本疏

傳虞夏商周皆有之

服曰虞舜祖考來格鳳皇來儀百獸率舞本疏

傳臨黨氏

賈曰黨氏魯大夫任姓史記魯世家集解

傳見孟任

賈曰黨氏之女史記魯世家集解

傳從之

服曰從之言欲與通也本疏

傳割臂盟公

服曰割其臂以與公盟史記魯世家集解

傳圉人犖

服曰圉人掌養馬者犖其名也史記魯世家集解

傳能投蓋于稷門

服曰能投千鈞之重過門之上也水經泗水注

傳使鍼季酖之

服曰鴆鳥一曰運日鳥史記魯世家集解

傳成季奔陳

服曰季友內知慶父之情力不能誅故避其難出奔史記魯世家集解

傳立閔公

服曰閔公於是年九歲 閔二年傳初公傳奪卜齮田疏

左傳賈服注攟逸閔公弟四

閔元年

傳因重固

服曰重不可動因其不可動而堅固 本疏

傳以滅耿滅霍滅魏

服曰三國皆姬姓魏在晉之蒲坂河東也 史記晉世家集解

服曰魏在晉之蒲坂 元和郡縣志卷十四

傳分之都城

服曰邑有先君之主曰都 史記晉世家集解

傳而位以卿

賈曰謂將下軍 史記晉世家集解

傳先爲之極

服曰言其祿位極盡於此 史記晉世家集解

傳卜偃曰

賈曰卜偃晉掌卜大夫郭偃 史記晉世家集解

傳萬盈數也魏大名也

服曰數從一至萬爲滿魏喩巍巍高大也 史記晉世家集解

傳以是始賞天啓之矣

服曰以魏賞畢萬是爲天開其福 史記晉世家集解

傳初畢萬筮仕於晉遇屯之比

服義 劉炫用服氏之說以爲畢萬在周筮仕於晉 本疏

賈曰震下坎上屯坤下坎上比屯初九變之比 史記晉世家集解

傳辛廖占之

賈曰辛廖晉大夫 史記晉世家集解

閔二年

經夏五月乙酉吉禘于莊公

賈曰禘者遞也審遞昭穆遷主遞位孫居王父之處 聖證論

經十有二月狄入衛

賈曰不與夷狄得志於中國 詩定之方中序疏

傳春虢公敗犬戎于渭隊

服曰隊謂汭也 水經渭水注

○杜本隊作汭服本如此

傳初公傅奪卜齮田

賈曰卜齮魯大夫也 史記魯世家集解

服曰公卽位時年九歲 本疏

傳使卜齮賊公于武闈

賈曰宮中之門謂之闈 史記魯世家集解

傳哀姜與知之故孫于邾

賈服義　賈服之說皆以爲文姜殺夫罪重故去姜氏哀姜殺子罪輕故不去姜氏 本經疏

傳閒于兩社

賈曰兩社周社亳社也兩社之間朝廷執政之臣所在 史記魯世家集解

傳季氏亡則魯不昌

服曰謂季友出奔魯弒二君 本疏

傳鶴有乘軒者

服曰車有藩曰軒 本疏

傳齊人使昭伯烝於宣姜

服曰昭伯衞宣公之長庶伋之兄宣姜宣公夫人惠公之母 詩牆有茨序疏

傳歸夫人魚軒重錦三十兩

服曰魚獸名 詩采薇疏

服曰重牢也 本疏

傳晉侯使大子申生伐東山皐落氏

賈曰東山赤狄別種 史記晉世家集解

服曰赤翟之都也 水經河水四注

傳里克

賈曰里克晉卿里季也 史記晉世家集解

傳以朝夕視君膳者也

服曰廚膳飲食 史記晉世家集解

傳君行則守有守則從從曰撫軍

服曰有代大子守則從之助君撫循軍士史記晉世家集解

傳君與國政之所圖也

賈曰國政正卿也史記晉世家集解

傳教之以軍旅

賈曰將下軍史記晉世家集解

傳無懼弗得立

服曰不得立己史記晉世家集解

傳公衣之偏衣

服曰偏裻之衣偏異色駮不純裻在中左右異故曰偏衣史記晉世家集解

〇太平御覽卷一百四十六無末衣字

傳佩之金玦

服曰以金爲玦也史記晉世家集解〇太平御覽卷一百四十六

傳狂夫阻之
服曰阻止也方相之士蒙玄衣朱裳主索室中毆疫號之爲狂夫止此服
言君與大子以狂夫所止之服衣之 本疏
傳成風聞成季之繇
服曰抽也抽出吉也 周易繫辭傳下其稱名也雜而不越釋文
傳衞文公大布之衣大帛之冠
服曰戴公卒在於此年 詩定之方中序疏

左傳賈服注攟逸僖公弟五

僖元年

經十有二月丁巳夫人氏之喪至自齊

賈曰殺子輕故但貶姜 本疏

經齊師宋師曹師次于聶北救邢

賈義 賈氏取公羊以爲說 襄二十三年傳八月叔孫豹帥師救晉疏

賈服義 賈服取公羊以爲說 本疏

先儒義 左傳先儒取公羊爲說言齊桓君也進止自由故先次後救叔孫臣也先通君命故先救後次 莊三年經冬公次于滑疏

傳九月公敗邾師于偃虛丘之戍將歸者也

服曰虛丘魯邑魯有亂邾使兵戍虛丘魯與邾無怨因兵將還要而敗之

所以惡僖公也 本疏

傳公賜季友汶陽之田及費

賈曰汶陽鄪魯二邑 史記魯世家集解

僖二年

經春王正月城楚丘

賈曰衞地也 史記齊世家集解

經秋九月齊侯宋公江人黄人盟于貫

賈曰江黄稱人刺不度德善鄰恃齊背楚終爲楚所滅 本疏

傳屈產之乘

服義 服氏謂產爲產生 公羊本傳疏

傳假道於虞以伐虢

賈曰虞在晉南虢在虞南 史記晉世家集解

傳冀爲不道入自顛軨伐鄍三門

服曰謂冀伐晉也 本疏

服曰鄍晉別都 後漢書郡國志二注

服曰謂虞助晉也將欲假道稱前恩以誘之 本疏

傳冀之既病則亦唯君故

傳滅夏陽

服曰夏陽虢邑也在太陽東三十里城南 水經河水四注

服曰下陽虢邑也在大陽東北三十里 史記晉世家集解

○服虔僖二年注云閔公死時年九歲 閔二年傳初公傅奪卜齮田疏○此一條未知其所施姑附於此以俟君子或以爲僖二年文二年之誤然則當是故鬼小句下注

僖三年

經春王正月不雨夏四月不雨

賈義　賈逵取穀梁以爲說本疏

傳蕩公

賈曰蕩搖也史記齊世家集解

僖四年

經蔡潰

賈義　賈潁以爲舉國曰潰一邑曰叛釋例逃潰例

經夏許男新臣卒

賈曰不言於師善會主加禮若卒於國本疏

傳蔡潰

服曰民逃其上曰潰也史記齊世家集解

傳唯是風馬牛不相及也

賈曰風放也牝牡相誘謂之風尙書費誓馬牛其風疏

服曰風放也牝牡相誘謂之風 本疏

傳昔召康公

服曰召公奭 史記齊世家集解

傳五侯九伯女實征之

服曰五侯公侯伯子男九伯九州之長太公爲王官之伯掌司馬職以九伐之法征討邦國故得征之 詩旄丘序疏

服義 服杜皆爲五等諸侯九州之伯 禮記王制千里之外設方伯節疏

賈服曰五諸侯九州之伯 周禮大宗伯九命作伯疏

傳東至于海西至于河南至于穆陵北至于無棣

服曰是皆太公始受封土地疆境所至也 史記齊世家集解

服曰太公受封境界所至 史記齊世家索隱

傳爾貢包茅不入

賈曰包茅菁茅匭之也以供祭祀史記齊世家集解

傳昭王南征而不復寡人是問

服曰周昭王南巡狩涉漢未濟船解而溺昭王王室諱之不以赴諸侯不

知其故故桓公以爲辭責問楚也史記齊世家集解

傳楚國方城以爲城漢水以爲池

服曰方城山也漢水名皆楚之隘塞耳詩殷武疏

服曰方城楚北之阨塞史記齊世家集解

服曰在漢南史記齊世家索隱

傳屈完及諸侯盟

服曰言來者外楚也嫌楚無罪言來以外之本經疏

服義　服虔取公羊以爲説本經疏

傳大子祭于曲沃

服曰齊姜廟所在 史記晉世家集解

傳五年

傳公既視朔遂登觀臺以望

服曰人君入大廟視朔告朔天子曰靈臺諸侯曰觀臺在明堂之中 禮記玉藻天子玉藻疏○通典卷四十四無告朔二字○詩靈臺疏引天子及諸侯二句

賈服曰靈臺在大廟明堂之中 詩靈臺序疏

傳狐裘蒙茸一國三公吾誰適從

服曰蒙茸以言亂貌三公言君與二公子將敵故不知所從 史記晉世家集解

○杜本蒙作尨服本如此

傳披斬其袪

服曰袪袂也 史記晉世家集解

傳輔車相依

服曰輔上頷車也與牙相依 詩碩人疏

傳虢仲叔賈王季之穆也

賈曰虢仲封東虢制是也虢叔封西虢虢公是也 本疏

傳甚愛之也

服曰愛之甚 本疏

〇杜本作其正義云服虔其作甚

傳民不易物惟德緊物

服曰緊發聲也言黍稷牲玉不易無德薦之則不見饗有德則言饗言物

爲有德用也 詩泂酌疏

傳袀服振々

服曰袀服黑服也 文選卷十六潘安仁閒居賦注

賈服義 賈服杜君等皆爲均均同也 周禮司几筵凡大朝覲疏

○杜本作均服本如此

傳脩虞祀

服曰虞所祭祀命祀也 史記晉世家集解

僖六年

傳晉侯使賈華伐屈

賈曰賈華晉右行大夫 史記晉世家集解

僖八年

傳敗狄于采桑

服曰翟地 史記晉世家集解

傳不薨于寢

服曰寢謂小寢也 禮記喪大記君夫人卒於路寢疏○檀弓下喪之朝也疏無也字

傳不殯于廟

服曰廟謂殯宮鬼神所在謂之廟 禮記檀弓下喪之朝也疏

僖九年

傳以伯舅耋老

服曰七十曰耋 詩車鄰疏〇禮記射義孔子射於矍相之圃疏

傳里克丕鄭欲納文公故以三公子之徒作亂

賈曰丕鄭晉大夫三公子申生重耳夷吾 史記晉世家集解

傳及高梁而還

服曰晉地也 史記齊世家集解

傳公謂公孫枝

服曰秦大夫公孫子桑 史記秦本紀集解

僖十年

傳夏四月周公忌父

賈曰周卿士　史記晉世家集解

傳子弒二君與一大夫

服曰奚齊卓子荀息也　史記晉世家集解

傳狐突適下國

服曰晉所滅國以爲下邑一曰曲沃有宗廟故謂之國在絳下故曰下國

史記晉世家集解

傳夷吾無禮

賈曰烝於獻公夫人賈君故曰無禮　本疏

傳余得請於帝矣

服曰帝天帝請罰有罪　史記晉世家集解

傳敝於韓

賈曰弊敗也韓晉韓原　史記晉世家集解

傳七輿大夫

服曰下軍之輿帥七人屬申生者 本疏○襄二十三年傳唯魏氏疏無下四字

僖十二年

傳冬齊侯使管夷吾平戎于王使隰朋平戎于晉

服曰戎伐周晉伐戎救周故和也 史記周本紀集解

傳若節春秋

賈曰節時也 史記周本紀集解

傳陪臣敢辭

服曰陪重也諸侯之臣於天子故曰陪臣 史記周本紀集解

傳王曰舅氏

賈曰舅氏言伯舅之使也 史記周本紀集解

僖十三年

傳謂百里

服曰秦大夫 史記晉世家集解

傳自雍及絳相繼

賈曰雍秦國都絳晉國都也 史記秦本紀集解

僖十四年

傳秋八月辛卯沙鹿崩

服曰沙山名鹿山足林屬於山曰鹿 本經疏

傳虢射

服曰虢射惠公舅 史記晉世家集解

僖十五年

傳公曰不孫

服曰孫順 史記晉世家集解

傳步揚御戎家僕徒爲右

服曰二子晉大夫也史記晉世家集解

傳輅秦伯

服曰輅迎也史記晉世家集解

傳晉於是乎作爰田

服曰爰易也賞衆以田易其疆畔本疏

傳士刲羊亦無衁也女承筐亦無貺也

服義　服虔以離爲戈兵兌爲羊震變爲離是用兵刺羊之象也三至五有坎象坎爲血血在羊上故刺無血也震爲竹竹爲筐震變爲離離爲火火動而上其施不下故筐無實也本疏

傳西鄰責言不可償也

服曰三至五爲坎坎爲月月生西方故爲西鄰坎爲水兌爲澤澤聚水故

坎責之澤澤償水則竭故責言不可償 本疏

傳猶無相也

服曰兌爲金離爲火金火相遇而相害故無助也 本疏

傳爲嬴敗姬

服曰離爲日爲火秦嬴姓水位三至五有坎象水勝火故爲嬴敗姬 本疏

傳車說其輹火焚其旗不利行師敗于宗丘

服曰五至三有坎爲水象震爲車車得水而脫其輹也震爲龍龍爲諸侯旗離之震故火焚其旗也震東方木兌西方金木遇金必敗韓有先君之宗廟故曰宗丘 本疏

傳寇張之弧

服曰坎爲寇爲弓故曰寇張之弧 本疏

傳此一役也秦可以霸

服曰一役者謂韓戰之役 本疏

傳饋七牢焉

賈曰諸侯饔餼七牢牛一羊一豕一爲一牢也 史記秦本紀集解

傳箕子

服義　服杜以爲紂之庶兄 本疏

僖十六年

經春王正月戊申朔隕石于宋五是月六鷁退飛過宋都

賈曰石山岳之物齊大岳之胤而五石隕宋象齊桓卒而五公子作亂宋

將得諸侯而治五公子之亂鷁退不成之象後六年覇業退也鷁水鳥

陽中之陰象君臣之訟鬩也 穀梁本經疏

傳六鷁退飛過宋都風也

賈曰風起於遠至宋都高而疾故鶂逢風却退 史記宋世家集解

傳君失問是陰陽之事非吉凶所生也

服曰鷁退風咎君行所致非吉凶所從生襄公不問己行何失而致此變但問吉凶焉在以爲石隕鷁退吉凶何從而生故云君失問 本疏

僖十七年

傳故名男曰圉女曰妾

服曰圉人掌養馬臣之賤者不聘曰妾 史記晉世家集解

傳齊公好內

服曰內婦官也 史記齊世家集解

傳宋華子

服曰宋華氏之女子姓 史記齊世家集解

傳雍巫

賈曰雍巫雍人名巫易牙字 史記齊世家集解

傳因內寵以殺群吏

服曰內寵如夫人者六人群吏諸大夫也 史記齊世家集解

僖十八年

傳無以鑄兵

服曰楚金利故不欲令以鑄兵 玉燭寶典季夏

傳故以鑄三鍾

服曰古者以銅爲兵 玉燭寶典季夏

僖十九年

傳乃溝公宮

賈曰溝塹也 史記晉世家集解

僖二十年

傳凡啓塞從時

服曰閫扇所以開鍵閉所以塞月令仲春脩閫扇孟冬脩鍵閉從時從此

時也本疏

僖二十年

傳滑人叛鄭

賈曰滑姬姓之國史記周本紀集解

僖二十一年

傳脩城郭

服曰國家凶荒則無道之國乘而加兵故脩城郭爲守備也本疏

僖二十二年

經春公伐取須句

賈曰但因成風來不見公（故來奔及反不書于經）釋例遷降例

經冬十有一月己巳朔宋公及楚人戰于泓

賈曰泓之戰譏宋襄故書朔 釋例

傳寡君之使婢子侍執巾櫛

服曰曲禮云世婦以下自稱婢子婢子婦人之卑稱 史記晉世家索隱

傳富辰

服曰富辰周大夫 史記周本紀集解

僖二十三年

傳以討其不與盟于齊也

服曰魯僖公十九年諸侯盟于齊以無忘桓公之德宋襄公欲行霸道不與盟故伐之 史記齊世家集解

傳策名委質

服曰古者始事必先書其名於策委死之質於君然後爲臣示必死節於其君也 史記仲尼弟子列傳索隱

傳司空季子

服曰胥臣臼季也 史記晉世家集解

傳狄人伐廧咎如

賈曰赤狄之別隗姓 史記晉世家集解

傳出於五鹿

賈曰衞地 史記晉世家集解

傳有馬二十乘

服曰八十四 史記宋世家集解

傳將行謀於桑下蠶妾在其上以告姜氏姜氏殺之

服曰懼孝公怒故殺之以滅其口 史記晉世家集解

傳其辟君三舍

賈曰司馬法從遯不過三舍三舍九十里也 史記晉世家集解

傳公子懼降服而囚

服曰申意於楚子伸於知己降服於懷嬴屈於不知己本疏

僖二十四年

傳臣負羈紲

服曰一曰犬韁曰紲古者行則有犬本疏

傳師退軍于郇

服曰郇國在解縣東郇瑕氏之墟也水經涑水注

傳丁未朝于武宮

賈曰文公之祖武公廟也史記晉世家集解

傳晉侯逆夫人嬴氏以歸

服曰繆公女也史記秦本紀集解

傳上下相蒙

服曰蒙欺也　史記晉世家集解

傳以緜上爲之田

賈曰緜上晉地　史記晉世家集解

傳且旌善人

賈曰旌表也　史記晉世家集解

傳伯服游孫伯

賈曰二子周大夫　史記周本紀集解

傳鄭伯怨惠王之入而不與厲公爵也

服曰惠王以后之鞶鑒與鄭厲公而獨與虢公玉爵　史記周本紀集解

傳又怨襄王之與衞滑也

服曰滑小國近鄭世世服從而更違叛鄭師伐之聽命後自懟於王王以與衞　史記周本紀集解

傳昔周公弔二叔不咸故封建親戚以蕃屏周
賈義 鄭衆賈逵皆以二叔爲管叔蔡叔傷其不和睦而流言作亂故封建親戚 本疏
賈義 鄭衆賈逵以二叔爲管蔡 詩常棣序疏
傳召穆公
服曰召穆公王卿士 詩黍苗序疏
服曰穆公召康公十六世孫 詩民勞序疏
傳又有厲宣之親
服曰母弟 詩鄭譜疏
傳王遂出及坎欿
服義 服虔以爲鞏東邑名也 水經洛水注
僖二十五年

經宋蕩伯姬來逆婦

賈義 凡內女見經而不書歸者賈氏皆以爲適世子故也 釋例夫人內女歸寧例

經秋楚人圍陳納頓子于頓

賈曰稱納者內難之詞 釋例歸入納例

傳遇黃帝戰于阪泉之兆

服曰阪泉地名 史記五帝本紀集解

傳次于陽樊

服曰陽樊周地陽邑名也樊仲山之所居故曰陽樊 史記晉世家集解○後漢書郡國志一注引下二句

傳脩衞文公之好

服曰〔先君已葬而經稱衞子者〕明不失子道 禮記曲禮下諸侯見天子疏

僖二十六年

傳東門襄仲臧文仲如楚乞師

服曰襄仲公子遂 史記魯世家集解

傳公使展喜犒師

服曰以師枯槁故饋之飲食 本疏

傳室如縣罄

服曰言室屋皆發撤榱椽在如縣罄 本疏

傳夔子不祀祝融與鬻熊

服曰夔楚熊渠之孫熊摯之後夔在巫山之陽秭歸鄉是也 史記楚世家集解

服曰在巫之陽秭歸歸鄉矣 水經江水二注

傳凡師能左右之曰以

賈曰諸稱以皆小以大下以上 釋例及會例

僖二十七年

傳讓於欒枝

賈曰欒枝欒賓之孫 史記晉世家集解

僖二十八年

經戰于城濮

賈曰衞地也 史記晉世家集解○齊世家正義

經楚殺其大夫得臣

賈義 賈氏以爲不書族者陋 釋例氏族例

經盟于踐土

賈曰鄭地名在河內 史記周本紀集解

經壬申公朝于王所

賈曰欲上月則嫌異會欲下月則嫌異月故但書日 釋例大夫卒例

傳還自南河濟

服曰南河濟南之東南流河也 史記衛世家集解

○杜本作河南服本蓋如此

傳居于襄牛

服曰衛地也 史記晉世家集解

傳非敢必有功也願以間執讒慝之口

服曰子玉非敢求有大功但欲執蔿賈讒慝之口謂子玉過三百乘不能入也 史記晉世家集解

傳子玉使宛春告於晉師

賈曰宛春楚大夫 史記晉世家集解

傳盬其腦

服曰如俗語相罵云啑女腦矣 本疏

傳作王宮于踐土

服曰既敗楚師襄王自往臨踐土賜命晉侯晉侯聞而爲之作宮 史記晉世家集解

傳駟介百乘徒兵千

服曰駟介駟馬被甲也徒兵步卒也 史記晉世家集解

傳王命尹氏及王子虎

賈曰王子虎周大夫 史記晉世家集解

傳大輅之服

賈曰大輅諸侯朝服之車謂之金路 史記齊世家集解

賈曰大輅金輅 史記晉世家集解

傳彤弓一彤矢百玈弓矢千

賈曰彤弓赤玈弓黑也諸侯賜弓矢然後征伐 史記晉世家集解

服曰矢千則弓十 詩彤弓序疏

服曰旅弓以射甲革椹質 詩彤弓疏

傳秬鬯一卣

賈曰秬黑黍鬯香酒也所以降神卣器名諸侯賜珪瓚然後爲鬯 史記晉世家集解

傳虎賁三百人

賈曰天子卒曰虎賁 史記晉世家集解

傳重耳敢再拜稽首

賈曰稽首首至地 史記晉世家集解

傳癸亥王子虎盟諸侯于王庭

服曰王庭踐土也 史記晉世家集解

傳自爲瓊弁玉纓

服曰謂馬飾 禮記王制司寇正刑疏

傳天王狩于河陽

賈曰河陽晉之溫也 史記周本紀集解

賈服曰河陽溫也 水經河水五注

傳晉侯作三行以禦狄

服曰辟天子六軍故謂之三行 史記晉世家集解

僖二十九年

傳介葛盧聞牛名曰是生三犧皆用之矣其音云問之而信

賈服曰言八律之音聽禽獸之鳴則知其嗜欲死可知伯益明是術故堯

使掌朕虞至周失其道官又在四夷 周禮夷隸疏

賈曰伯益曉是術 詩車鄰序疏

僖三十年

傳饗有昌歜

服曰昌歜昌本之菹 周禮籩人朝事之籩疏

傳鹽虎形

服曰剋形 周禮籩人朝事之籩疏

傳東門襄仲將聘于周遂初聘于晉

賈服義 賈服解爲先聘晉後聘周 本疏

僖三十一年

傳猶三望亦非禮也

賈義 賈以爲分野星國中山川 穀梁本經疏

服曰三望分野星國中山川 周禮小宗伯兆五帝於四郊疏

賈服義 賈逵服虔以爲三望分野之星國中山川 本經疏

僖三十三年

經十有二月公至自齊乙巳公薨于小寢隕霜不殺草李梅實

賈曰月者爲公薨不憂隕霜李梅實也　釋例大夫卒例

傳秦師輕而無禮

服曰無禮謂過天子門不櫜甲束兵而但免冑　本疏

傳唯是脯資餼牽竭矣

服曰死曰餼　禮記聘義卿爲上賓疏

服義　服氏以爲腥曰餼　儀禮聘禮餼之以其禮疏

傳公墨衰絰

賈曰墨變凶　史記晉世家集解

傳遂墨以葬文公

服曰非禮也　史記晉世家集解

傳君之惠不以纍臣釁鼓

賈曰殺而以血塗鼓謂之釁鼓 詩斯干序疏

傳文夫人斂而葬之郚城之下

服曰郚城故郚國之墟 詩鄭譜疏

傳作主非禮也

賈曰賈氏以爲僖公始不順祀生則致哀姜終則小寢以慢典常故其子文公緣事生邪志作主陵遲于是文公復有夫人歸嗣子櫂咎傳故上繫此文于僖公篇 釋例作主禘例

傳特祀於主烝嘗禘於廟

服曰特祀于主謂在寢烝嘗禘於廟者三年喪畢遭烝嘗則行祭皆於廟焉 儀禮士虞記明日以其班祔節疏

服曰遭烝嘗乃于廟 禮記檀弓疏

賈服義 賈服以爲三年終禘遭烝嘗則行祭禮 周禮鬯人廟用脩疏

服義　杜服皆以爲三年禘祭乃遷此廟禮記檀弓下銘明旌也疏

左傳賈服注攟逸文公弟六

文元年

傳於是閏三月非禮也

服曰周三月夏正月也是歲距僖公五年辛亥歲三十年閏餘十三正月

小雪閏當在十一月後不數 玉燭寶典孟冬

傳履端於始

服曰履踐端極也謂治曆必踐紀立正於元始謂太極上元天統之始也 玉燭寶典正月

傳楚國之舉

賈曰舉立也 史記楚世家集解

傳忍人也

服曰言忍爲不義史記楚世家集解

傳又欲立王子職

賈曰職商臣庶弟也史記楚世家集解

傳能事諸乎

服曰若立職子能事之史記楚世家集解

傳能行大事乎

服曰謂弑君史記楚世家集解

文二年

經自十有二月不雨至于秋七月

賈義　賈逵取穀梁以爲說僖三年經春王正月疏

傳不登於明堂

服曰明堂祖廟禮記玉藻天子玉藻疏○通典卷四十四

賈服義　左氏舊說及賈逵盧植蔡邕服虔等皆以祖廟與明堂爲一 本疏

傳故禹不先鯀湯不先契文武不先不窋

服曰周家祖后稷以配天明不可先也故言不先不窋禹湯異代之王故言不先鯀契也 本疏

文三年

傳取王官及郊

服曰皆晉地不能有 史記秦本紀集解

傳封殽尸而還

賈曰封識之 史記秦本紀集解

傳舉人之周也

服曰周備也 史記秦本紀集解

文四年

傳圍刓新城

服曰秦邑新所作城也 史記晉世家集解

文五年

經三月辛亥葬我小君成風

先儒義〔公子嗣位爲君非復公子嫡母葬則伸其母尊〕而先儒同之公子 釋例內女夫人卒葬例

舊說 妾子爲君其母不得成爲夫人 襄四年經八月辛亥疏

傳春王使榮叔來含且賵

賈服曰含賵當異人今一人兼兩使故書且以譏之 本經疏

傳忽諸

服曰諸辭 詩柏舟疏

傳晉趙成子欒貞子霍伯臼季皆卒

賈曰欒貞子欒枝也霍伯先且居也 史記晉世家集解

文六年

傳春晉蒐于夷舍二軍使狐射姑將中軍趙盾佐之陽處父至自溫改蒐于董易中軍

服曰使射姑代先且居趙盾代趙衰箕鄭將上軍林父佐也先蔑將下軍先都佐也改蒐于董趙盾將中軍射姑奔狄先克代佐中軍耳 本疏

傳以子車氏之三子奄息仲行鍼虎爲殉

服曰子車秦大夫氏也殺人以葬琁環其左右殉曰 詩秦風黃鳥序疏

傳爲之律度

服曰鳧氏爲鐘各自計律倍而半之黃鐘之管長九寸則黃鐘之鐘長二尺二寸半餘鐘亦各自計律倍而半之 本疏

傳晉人以難故欲立長君

服曰晉國數有患難 史記晉世家集解

傳難必紓矣

服曰紓緩也 本疏

○杜本作抒正義曰服虔作紓

傳辰嬴嬖於二君

服曰辰嬴懷嬴也二君懷公文公 史記晉世家集解

傳辰嬴賤班在九人其子何震之有

服曰班次也 史記晉世家集解

賈曰震威也 史記晉世家集解

傳宣子使臾駢送其帑

賈曰子孫曰帑 玉燭寶典正月

文七年

傳將焉寘此

服曰此大子 史記晉世家集解○太平御覽卷一百四十六

文八年

經公孫敖如京師不至而復丙戌奔莒

賈曰日者以罪廢命大討也 釋例大夫卒例

傳晉侯使解揚

服曰解揚晉大夫 史記晉世家集解

傳且復致公壻池之封

服義 服虔以爲致之于鄭 本疏

文九年

經晉人殺其大夫士穀及箕鄭父

賈曰箕鄭稱及非首謀　本傳疏

文十年

經楚殺其大夫宜申

賈義　賈氏以爲不書族者陋　釋例氏族例

文十一年

傳且言司城蕩意諸而復之

服曰反不書者施而不德　本疏

傳鄋瞞侵齊遂伐我

服曰鄋瞞長翟國名　史記魯世家集解

服曰伐我不書諱之　本疏

傳富父終甥

服曰富父終甥魯大夫也　史記魯世家集解

傳敗狄于鹹

服曰魯地也　史記魯世家集解

傳舂其喉

服曰舂猶衝　史記魯世家集解

○杜本作樁服本蓋無左旁

傳埋其首於子駒之門以命宣伯

賈曰子駒魯郭門名　史記魯世家集解

服曰宣伯叔孫得臣子僑如也得臣獲僑如以名其子使後世旌識其功　史記魯世家集解

傳初宋武公之世

服曰武公周平王時在秋春前二十五年　史記魯世家集解

傳獲長狄緣斯

賈曰喬如之祖史記魯世家集解

服曰不言所埋埋其身首同處於戰地可知本疏

傳皇父之二子死焉

服義　賈逵云皇父與穀甥牛父三子皆死鄭衆以爲穀甥牛父二人死耳皇父不死馬融以爲皇父之二子從父在軍爲敵所殺名不見者方道二子死故得勝之如今毛本作令似是也皆死誰殺緣斯服虔云殺緣斯者未必三子之手士卒獲之耳下言宋公以門賞耏班班爲皇父御而有賞三子不見賞疑皆死賈君爲近之本疏

傳齊王子城父

賈曰王子城父齊大夫史記齊世家集解

〇杜本作成賈本蓋如此

傳衞人獲其季弟簡如

服曰獲與喬如同時 史記魯世家集解

文十二年

傳取羈馬

服曰晉邑也 史記秦本紀集解

傳以從秦師于河曲

服曰河曲晉地 史記秦本紀集解

文十三年

傳不如隨會能賤而有恥

服曰謂能處賤且又知恥言不可汙辱 本疏

傳乃使魏壽餘僞以魏叛者

服曰晉之魏邑大夫 史記秦本紀集解

傳繞朝贈之以策

服曰繞朝以策書贈士會本疏

傳秋七月大室之屋壞

服曰太室太廟太室之上屋也隋書牛弘傳

服曰太室太廟之上屋也北史牛弘傳

服曰大廟之室禮記明堂位季夏六月疏

服義　服杜皆以爲太廟之室詩魯頌譜疏

賈服義　賈服皆以爲大廟之室本經疏

傳子家賦載馳之四章

服曰載馳五章屬鄘風許夫人閔衞滅戴公失國欲馳駈而唁之故作以自痛國小力不能救在禮婦人父母既沒不得寧兄弟於是許人不嘉故賦二章以喻思不遠也許人尤之遂賦三章以卒章非許人不聽遂賦四章言我遂往無我有尤也詩載馳序疏

文十四年

傳公子商人驟施於國

服曰數也 詩將仲子釋文

傳冬單伯如齊請子叔姬

服曰子殺身執閔之故言子爲在室辭 本經疏

文十五年

傳三月宋華耦來盟其官皆從之書曰宋司馬華孫貴之也

服曰華耦爲卿侈而不度以君命脩好結盟舉其官屬從之空官廢職魯人不知其非反尊貴之 本疏

傳史佚有言

服曰史佚周成王大史 禮記玉藻皮弁以日視朝疏

傳一人門于句鼆一人門于戾丘皆死

服曰魯國中小寇非異國侵伐故不書也本疏

文十六年

傳分爲二隊

服曰隊部也文選卷七司馬長卿子虛賦注

傳襄夫人欲通之而不可

服曰襄公夫人周襄王之姊王姬也不可鮑不肯也史記宋世家集解

文十七年

傳齊侯伐我北鄙

服義　服虔以爲再來伐魯西鄙書北鄙不書諱仍見伐本經疏

傳以蔵陳事

賈服曰蔵勑也本疏

傳鹿死不擇音

服曰鹿得美草呦呦相呼至於困迫將死不暇復擇善音急之至也 本疏

傳秋周甘歜敗戎于邥垂

服曰邥垂在高都南 水經伊水注

文十八年

經莒弒其君庶其

賈義 劉賈許潁以爲君惡及國朝則稱國以弒 釋例書弒例

傳而使歜僕

賈曰僕御也 史記世齊家集解

傳叔仲不可

服曰叔仲惠伯 史記魯世家集解

傳在九刑不忘

服義 服虔云正刑一議刑八卽引小司寇八議議親故賢能功貴勤賓

之辟 本疏

賈服義　賈服以正刑一加之以八議 周禮司刑掌五刑之法疏

傳蒼舒隤敳檮戭大臨尨降庭堅仲容叔達

服曰八人禹垂之屬也 本疏

傳天下之民謂之八愷

賈曰愷和也 史記五帝本紀集解

傳天下之民謂之八元

賈曰元善也 史記五帝本紀集解

傳昔帝鴻氏有不才子

賈曰帝鴻黃帝也不才子其苗裔讙兜也 史記五帝本紀集解

傳天下之民謂之渾敦

服義　服虔用山海經以爲驩兜人面馬喙渾敦亦獸名 本疏

傳少皡氏有不才子

服曰金天氏帝號 史記五帝本紀集解

傳蒐慝

服義 服虔亦以蒐爲隱 本疏

傳天下之民謂之窮奇

服曰謂共工氏也其行窮而好奇 史記五帝本紀集解

傳天下之民謂之檮杌

賈曰檮杌頑凶無疇匹之貌謂鯀也 史記五帝本紀集解

服義 服虔案神異經云檮杌狀似虎毫長二尺人面虎足豬牙尾長丈八尺能鬬不退 本年傳天下之民謂之渾敦疏

傳縉雲氏有不才子

賈曰縉雲氏姜姓也炎帝之苗裔當黃帝時在縉雲之官也 史記五帝本紀

集解

服曰夏官爲縉雲氏 本疏

傳謂之饕餮

服曰饕餮獸名身如牛人面目在腋下食人 本年傳天下之民謂之渾敦疏

賈服曰貪財爲饕貪食爲餮 本疏

傳投諸四裔

賈曰四裔之地去王城四千里 史記五帝本紀集解

傳以禦螭魅

服曰螭魅人面獸身四足好惑人山林異氣所生以爲人害 史記五帝本紀集解

賈服曰螭山神獸形或曰如虎而噉虎或曰魅人面獸身而四足好惑人山林異氣所生爲人害 周禮神仕以冬日至疏

傳遂出武穆之族

賈曰出逐也史記宋世家集解

左傳賈服注擕逸宣公弟七

宣元年

傳三月遂以夫人婦姜至自齊

服曰古者一禮不備貞女不從故詩云雖速我訟亦不女從宣公既以喪娶夫人從亦非禮故不稱氏見略賤之也 本經疏

傳秋楚子侵陳遂侵宋晉趙盾帥師救陳宋會于北林

服曰趙盾既救陳而楚師侵宋趙盾欲救宋而楚師解去 本經疏

服曰北林鄭南地也 水經渠水注

宣二年

傳文馬百駟

賈曰文貍文也 史記宋世家集解

傳見叔牂曰子之馬然也對曰非馬也其人也既合而來奔

服曰賈逵云叔牂宋守門大夫華元既見叔牂牂謂華元曰子見獲於鄭者是由子之馬使然也華元對曰非馬自奔也其人爲之也謂羊斟驅入鄭也奔走也言宋人贖我之事既和合而我卽來奔耳鄭衆云叔牂卽羊斟也在先得歸華元見叔牂牂卽誣之曰奔入鄭軍者子之馬然也非我也華元對曰非馬也其人也言是女驅之耳叔牂既與華元合語而卽來奔魯又一說叔牂宋人見宋以馬贖華元謂元以贖得歸謂元曰子之得來當以馬贖故然華元曰非馬也其人也言己不由馬贖自以人事來耳贖事既合而我卽來奔 本疏

傳于思于思

賈曰白頭貌 釋文○本疏

服曰白頭貌 詩瓠葉疏

傳晉靈公不君

賈曰不君無君道也 太平御覽卷五百三十八

傳厚斂以彫牆

賈曰彫畫也 史記晉世家集解

傳宰夫胹熊蹯不熟殺之

服曰蹯熊掌其肉難熟 史記晉世家集解

傳使鉏麑賊之

賈曰鉏麑晉力士 史記晉世家集解

傳遂跣以下

服曰趙盾徒跣而下走 本疏

○杜本跣作扶釋文正義皆云服虔注作跣

傳公嗾夫獒焉

服曰㕧嗾也夫語辭獒犬名公乃嗾夫獒使之噬盾也 本疏

○杜本㕧作嗾釋文云嗾服本作㕧正義原文作嗾㕧也下嗾字作㕧

蓋二字互誤耳今從釋文正 臧琳以正義爲是雖其說亦可通而於理爲不允愜

傳宦三年矣

服曰宦官學士也 史記晉世家集解

服曰宦學也 禮記曲禮上道德仁義疏

傳不告而退

服曰不望報 史記晉世家集解

傳爲法受惡

服曰聞義則服 史記晉世家集解

傳初麗姬之亂詛無畜群公子

服曰麗姬與獻公及諸大夫詛無畜群公子欲令其二子專國 本疏

傳以爲公族
服曰公族大夫也史記晉世家集解
傳冬趙盾爲旄車之族
服曰旄車戎車之倅詩汾沮洳疏
○杜本作旄服本蓋如此
宣三年
傳楚子伐陸渾之戎遂至於雒觀兵于周疆
服曰陸渾戎在洛西南觀兵陳兵示周也史記楚世家集解
傳定王使王孫滿勞楚子
賈曰王孫滿周大夫也史記周本紀集解
服曰以郊勞禮迎之也史記楚世家集解
傳貢金九牧

服曰使九州之牧貢金　史記楚世家集解

傳鑄鼎象物

賈曰象所圖物著之於鼎　史記楚世家集解

傳螭魅魍魎

服曰螭山神獸彪魅怪物魍魎木石之怪　周禮神仕疏

傳載祀六百

賈曰載辭也祀年也商曰祀　史記楚世家集解

傳曰燕姞

賈曰姞南燕姓　史記鄭世家集解

傳夢天使與己蘭

賈曰香草也　史記鄭世家集解

傳余爲伯儵余而祖也

賈曰伯儵南燕祖 史記鄭世家集解

傳文公報鄭子之妃

服曰鄭子文公叔父子儀也報復也淫親屬之妻曰報漢律淫季父之妻曰報 詩雄雉序疏

宣四年

傳公子宋與子家將見

賈曰二子鄭卿也 史記鄭世家集解

傳子公之食指動

服曰第二指 史記鄭世家集解

服曰俗所謂啑鹽指也 本疏

傳以貫笠轂

服曰笠轂轂之蓋如笠所以蔽轂上以禦矢也一曰車轂上鐵也或曰兵

車旁幔輪謂之笠轂 本疏

宣六年

傳其在周易豐之離

服曰日中而昏也 周易豐卦釋文

○此蓋脱上下文袁氏之説是也

宣十年

經公如齊五月公至自齊

賈曰不書奔喪諱過也 釋例弔贈葬例

宣十一年

經納公孫寧儀行父于陳

賈曰二子不繫之陳絶於陳也惡其與君淫故絶之善楚有禮也 本疏

傳令尹蔿艾獵城沂

服曰艾獵蔿賈之子孫叔敖也 本疏

傳申叔時使於齊

賈曰叔時楚大夫 史記陳世家集解

宣十二年

傳卜臨于大宮且巷出車

賈曰臨哭也巷出車陳於巷街示雖困不降必欲戰也 太平御覽卷四百八十

傳入自皇門

賈曰鄭城門 史記楚世家集解○太平御覽卷四百八十

傳鄭伯肉袒牽羊以逆

賈曰肉袒牽羊示服爲臣隸也 史記楚世家集解

傳韓厥爲司馬

服曰厥韓萬玄孫 本疏

傳觀釁而動

服曰間也 釋文

傳彘子曰

服曰食采於彘 本年傳先縠佐之疏

傳在師之臨

服曰坎爲水坤爲衆又互體震震爲雷雷鼓類又爲長子長子帥衆鳴鼓巡水而行行師之象也臨兌爲澤坤爲地居地而俯視於澤臨下之義故名爲臨 本年傳知莊子曰疏

傳彘子尸之

服義 服虔亦云主此禍也又引易師卦六五長子帥師弟子輿尸凶 本疏

傳藍縷

服曰言其縷破藍藍然　本疏

傳其君之戎分爲二廣

服曰左右廣各十五乘　周禮大司馬序官疏

傳廣有一卒卒偏之兩

服曰百人爲卒言廣有卒爲承也五十人曰偏二十五人曰兩廣既有一卒爲承承有偏偏有兩故曰卒偏之兩　周禮大司馬序官疏

傳兩馬掉鞅而還

服曰兩飾也掉正也　本疏

傳射麋麗龜

服曰龜背之隆高當心　本疏

傳魏錡

服義　服虔亦以爲犨子　本疏

傳使軘車逆之

服曰軘車屯守之車 本疏○襄十一年傳廣車軘車淳十五乘疏下有也字

傳楚人惎之脫扃

服曰扃橫木校輪間一曰車前橫木也 釋文

服曰扃橫木有橫木投於輪間一曰扃車前橫木 本疏

傳每射抽矢菆

服曰菆好箭 儀禮既夕記御以蒲菆疏

傳非子之求而蒲之愛

服曰蒲楊柳可以爲箭 儀禮既夕記御以蒲菆疏

傳是役也鄭石制實入楚師

服曰入楚師使楚師來入鄭 本疏

傳叔展曰有麥麴乎曰無有山鞠窮乎曰無

賈曰麥麴鞠窮所以禦濕 本疏

宣十四年

傳冬公孫歸父會齊侯于穀

服曰歸父襄仲之子 史記魯世家集解

宣十五年

經夏五月宋人及楚人平

賈曰稱人衆辭善其與衆同欲 本疏

傳伯宗

賈曰伯宗晉大夫 史記晉世家集解

傳登諸樓車

服曰樓車所以窺望敵軍兵法所謂雲梯者 史記鄭世家集解

傳有死無隕

服曰鄭墜也史記鄭世家集解

○杜本作賨服本蓋如此

傳子反懼與之盟

服曰與華元私盟許爲退師若孟任割臂與魯莊公盟本疏

傳奪黎氏地三也

服曰黎侯之國詩旄丘序疏

傳曰文反正爲乏

服曰言人反正者皆乏絕之道也本疏

宣十六年

傳夏成周宣榭火

服曰宣揚威武之處本經疏

宣十七年

經冬十有一月壬午公弟叔肸卒

先儒義　先儒說母弟善惡褒貶既多相錯涉又云稱弟皆謂公子不爲大夫者得以君爲尊　釋例母弟例

宣十八年

經秋七月邾人戕鄫子于鄫

賈曰邾使大夫往殘賊之　本疏

傳欲去三桓

服曰三桓魯桓公之族仲孫叔孫季孫　史記魯世家集解

傳使我殺適立庶以失大援者仲也夫

服曰援助也仲殺適立庶國政無常鄰國非之是失大援助也　史記魯世家集解

左傳賈服注攟逸成公弟八

成元年

傳故作丘甲

服義　服注引司馬法云邑爲丘有戎馬一匹牛三頭是曰匹馬丘牛四丘爲甸田甸六十四井出長轂一乘馬四匹牛十二頭甲士三人步卒七十二人戈楯具備謂之乘馬詩信南山疏

服義　服引司馬法以釋之禮記坊記子云貧而好樂疏

成二年

傳三日取龍

賈曰殺盧蒲就魁不與齊盟以亡其邑故諱不書耳本疏

傳請八百乘

賈曰八百乘六萬人 史記齊世家集解

傳師至于靡笄之山

賈曰靡笄山名也 史記齊世家集解

傳師陳于鞌

服曰鞌齊地名也 史記齊世家集解

傳逢丑父爲右

賈曰齊大夫 史記齊世家集解

傳韓厥執縶馬前再拜稽首奉觴加璧以進

服義 服虔引司馬法其有殞命以行禮如會所用儀也若殞命則左結旗司馬援飲右持苞壺左承飲以進 本疏

傳且懼奔辟而忝兩君

服義 辟扶赤反 釋文

傳擊馬陘

賈曰馬陘齊地也 史記齊世家集解

傳必以蕭同叔子爲質而使齊之封內盡東其畝

賈曰蕭附庸子姓 史記齊世家集解

服曰欲令齊隴畝東行 史記齊世家集解

傳五伯之霸也

服曰五伯謂夏伯昆吾商伯大彭豕韋周伯齊桓晉文也 詩譜序五霸之末疏

傳若苟有以藉口而復於寡君

服曰今河南俗語治生求利少有所得皆言可用藉手矣 本疏

傳晉人使爲邢大夫

賈曰邢晉邑 史記晉世家集解

傳織紝

服曰織紝治繒帛者 詩采蘋序疏

成三年

經鄭伐許

賈曰鄭小國與大國爭諸侯仍伐許不稱將帥夷狄之剌無知也 本疏

傳春諸侯伐鄭

賈服義〔宋衛先君未葬而經稱爵者〕賈服注譏其不稱子 禮記曲禮下諸侯見天子疏

〇曲禮疏以爲成十三年注成十三年雖亦有宋公衛侯而並不在未葬之前蓋涉上桓十三年文三上衍十字耳今定爲三年注

傳晉作六軍

賈曰初作六軍僣王也 史記晉世家集解

成五年

傳故宣伯餫諸穀

服曰宣伯叔孫喬如　史記魯世家集解

成六年

傳二月季文子以鞌之功立武宮

服曰鞍之戰禱武公以求勝故立其宮　本疏

傳沃饒而近盬

服曰土平有溉曰沃盬鹽池也　水經涑水注

傳子之佐十一人

服曰是時欒書將中軍荀首佐之荀庚將上軍士燮佐之郤錡將下軍趙同佐之韓厥將新中軍趙括佐之鞏朔將新上軍韓穿佐之荀雖將新下軍趙旃佐之　本疏

成七年

傳使爲行人於吳

服曰行人掌國賓客之禮籍以待四方之使賓大客受小客之幣辭史記吳世家集解

成八年

傳夏宋公使公孫壽來納幣

服曰不稱主人母命不通故稱使婦人無外事儀禮士昏記宗人無父疏

傳武從姬氏畜于公宮

賈服義　賈服先儒皆以爲成公之女本疏

傳夏季文子如宋致女

服曰謂成昏禮記曾子問三月而廟見疏

成十年

傳晉侯夢大厲被髮

服義　服虔又以爲公明之鬼　本疏

傳居肓之上膏之下

賈曰肓鬲也心下爲膏　本疏

賈服義　賈服何休諸儒等亦皆以爲膏雖凝者爲脂釋者爲膏其實凝者亦曰膏故內則云小切狼臅膏　本疏

成十一年

傳郤犫來聘

服義　服虔以爲郤克從祖昆弟　本經疏

傳吾不以妾爲姒

賈曰兄弟之妻相謂爲姒　本疏

成十三年

傳晉侯使呂相絶秦

賈曰呂相晉大夫 史記晉世家集解

傳寡人不佞

服曰佞才也不才者自謙之辭也 本疏

傳使公子欣時逆曹伯之喪

賈服義　賈服以爲盧之庶子 公羊昭二十年疏

成十五年

傳左師二司寇二宰遂出奔楚

服曰魚石卿故書 本疏

傳晉三郤害伯宗

賈曰三郤郤錡郤犨郤至 史記晉世家集解

成十六年

經甲午晦晉侯及楚子鄭伯戰于鄢陵

賈曰鄢陵之戰譏楚子故書晦釋例

經九月晉人執季孫行父舍之于苕丘

賈義　賈氏以爲書行父舍于苕丘言失其所不書至者刺晉聽讒執之示己無罪也釋例執大夫行人例

傳今楚內棄其民而外絕其好瀆齊盟而食話言奸時以動而疲民以逞

服義　服虔以外絕其好爲刑不正邪也食話言爲義不建利也疲民以逞爲信不守物也本疏

傳六月晉楚遇於鄢陵

服曰鄢陵鄭之東南地也史記晉世家集解

傳皆曰國士在且厚不可當也

服曰賁皇州犂皆言曰晉楚之士皆在君側且陳厚不可當本疏

傳其卦遇復

服曰復反也陰盛於上陽動於下以喻小人作亂於上聖人興道於下萬物復萌制度復理本疏

傳射其元王

服義　服虔以爲陽氣觸地射出爲射之象本疏

傳有淖於前

服曰淖下澤洿泥也玉燭寶典仲夏

傳有韎韋之跗注

賈曰一染曰韎本疏

賈服曰跗謂足跗注屬也袴而屬於跗周禮司服凡兵事韋弁服疏

傳察夷傷

服曰金創爲夷本疏

傳子叔聲伯使叔孫豹請逆于晉師

服義　服虔以爲叔孫豹先在齊矣此時從國佐在師聲伯令人就齊師使豹豹不忘宗國聞白國佐爲魯請逆 本疏

傳宋齊衞皆失軍

服義　服虔以失軍爲失其軍糧 本疏

成十七年

經九月辛丑用郊

賈義　劉賈又以爲諸書用皆不宜用反于禮者也 釋例郊雩烝嘗例

經壬申公孫嬰卒于貍脤

舊說曰壬申十月十五日貍脤魯竟也 釋例卷七

傳懼不敢占也

服曰聲伯惡瓊瑰贈死之物故畏而不言 詩渭陽疏

傳公遊于匠驪氏

賈曰匠驪氏晉外嬖大夫在翼者史記晉世家集解

成十八年

傳辛未朝于武宮

○杜本作辛巳正義曰服虔本作辛未

傳司士屬焉

服義　服虔以爲司士主右之官本疏

左傳賈服注攟逸襄公弟九之一

襄元年

傳夏五月晉韓厥荀偃帥諸侯之師伐鄭入其郛

賈曰韓厥荀偃帥諸侯之師謂帥宋衞滕薛伐鄭齊魯曹邾杞次于鄫故諸侯之師不序也入郛不書者晉人先以鄭罪令於諸侯故書伐鄭入郛既敗鄭不復告故不書 本疏

傳敗其徒兵於洧上

服曰洧水名 史記鄭世家集解

襄二年

傳齊侯伐萊

服義 服虔以爲東萊黃縣是 史記夏本紀索隱

傳是棄功與言

○杜本功作力釋文云服本作功

襄三年

傳組甲三百被練三千

賈曰組甲以組綴甲車士服之被練帛也以帛綴甲步卒服之凡甲所以爲固者以盈竅也帛盈竅而任力者半卑者所服組盈竅而盡任力尊者所服 本疏

服曰以組綴甲 初學記卷二十二

傳建一官而三物成

服曰所舉三賢各能成其職事 本疏

傳晉侯之弟揚干亂行於曲梁魏絳戮其僕

賈曰行陳也僕御也 史記晉世家集解

傳事君不辟難
服曰謂敢斬揚干之僕是不辟獲死之難　本疏
傳使佐新軍
服曰於是魏頡卒矣使趙武將新軍代魏頡升魏絳佐新軍代趙武也
本疏

襄四年

傳恃其射也
賈曰羿之先祖世爲先王射官故帝嚳賜羿弓矢使司射　本疏○尚書五子之歌太康尸位以逸豫疏無嚳字
傳武不可重
服曰重猶大也言武事不可大任　本疏
傳戎狄荐居

服曰荐草也言狄人逐水草而居徙無常處 本疏

襄六年

傳子罕善之如初

服曰言子罕不阿同族亦逐樂轡以正國法忠之至也及樂轡射其門畏從華弱之罰復善樂轡如初是爲茹柔吐剛喪其志矣傳故舉之明春秋之義善惡俱見 本疏

襄八年

傳孫擊孫惡出奔衞

賈曰二孫子狐之子 本疏

襄九年

傳使皇鄖命校正出馬

服曰皇鄖皇父戎石之後十世宗卿爲人之子大司馬椒也 本疏

傳使西鉏吾庀府守

賈曰鉏吾大宰也 本疏

傳閼伯居商丘

服曰商丘地名 詩商頌譜疏

傳相土因之故商主大火

服曰相土契之孫因之者代閼伯之後居商丘湯以爲號 詩商頌譜疏

服曰相土居商丘故湯以爲國號 本疏

傳遇艮之八

賈義 賈鄭先儒相傳云先代之易 本疏

傳弃位而姣

服義 服氏音如字 釋文

服義 服虔讀姣爲放效之效言效小人爲淫 本疏

傳肆眚圍鄭

服義　服虔以爲放鄭囚本疏

傳吾三分四軍

賈義　賈逵以爲三分四軍爲十二部本疏

傳次于陰口而還

服曰水南曰陰口者水口也水經洧水注

傳冠而生子禮也

賈服義　賈服說皆以爲八君禮十二而冠也宋書禮書一

傳以先君之祧處之

服曰祧謂曾祖之廟也下今寡君在行疏

服曰曾祖之廟曰祧禮記祭法天下有王疏

服義　服虔以祧爲曾祖之廟儀禮士冠禮士冠禮筮于廟門疏○禮記冠義疏

傳且要盟無質神弗臨也

服曰質誠也無忠誠之信故神弗臨也本疏

襄十年

傳會吳子壽夢也

服曰壽夢發聲吳蠻夷言多發聲數語共成一言壽夢一言也經言乘傳言壽夢欲使學者知之也本疏

傳聊人紇抉之以出

服曰抉撅也謂以木撅抉縣門使舉令下容人出也本疏

傳親受矢石

服義　服虔云古者以石爲箭鏑引國語有隼集於陳侯之庭楛矢貫之石砮本疏

傳秋七月楚子囊鄭子耳伐我西鄙

服曰不書諱從晉不能服鄭旋復爲楚鄭所伐恥而諱之也本疏

傳爲載書以位序聽政辟

服曰鄭舊世卿父死子代今子孔欲擅改之使以次先爲士大夫乃至卿也本疏

襄十一年

經秋七月己未同盟于京城北

〇杜本京作亳公羊本疏云服氏之經亦作京城北

傳十二國之祖

服曰晉主盟不自數本疏

傳鄭人賂晉侯以師悝師觸師蠲

服曰三師鐘師鎛師磬師謂悝能鐘觸能鎛蠲能磬也本疏

傳八年之中九合諸侯

服曰八年從四年以來至十一年也九合諸侯者五年會于戚一也其年又會于城棣救陳二也七年會于鄬三也八年會于邢丘四也九年盟于戲五也十年會于柤六也又戍鄭虎牢七也十一年同盟于亳城北八也又會于蕭魚九也本疏

服曰九合一謂會于戚二會城棣救陳三會于鄬四會于邢丘五同盟于戲六會于柤七戍鄭虎牢八同盟于亳城北九會于蕭魚史記晉世家集解

傳平平左右

服曰平平辮治不絕之貌詩采菽疏

〇杜本作便蕃服本蓋如此

襄十三年

傳不猶愈乎

服曰愈猶病愈本疏

襄十四年

傳曹宣公之卒也諸侯與曹人不義曹君將立子臧

服曰宣公曹伯廬也以魯成公十三年會晉侯伐秦卒於師曹君公子負芻也負芻在國聞宣公卒殺太子而自立故曰不義之也子臧負芻庶兄 史記吳世家集解

傳穆子賦匏有苦葉

服曰由膝以上爲厲 詩匏有苦葉疏

傳不獲成焉

服曰不得成戰陳之事 本疏

傳衛獻公戒孫文子甯惠子食皆服而朝日旰不召而射鴻於囿二子從之

服曰孫文子林父也甯惠子甯殖也敕戒二子欲共晏食皆服朝衣待命旰晏也從公於囿 史記衛世家集解

傳孫文子如戚
服曰孫文子邑也史記衞世家集解
傳師曹請爲之
賈曰師曹樂人史記衞世家集解
傳見蘧伯玉
賈曰伯玉衞大夫史記衞世家集解
傳郵人執之
服曰執追公徒者公如鄄故鄄人爲公執之本疏
傳射兩軥而還
服曰軥車軛也兩軛叉馬頸者詩小戎疏
服曰車軛兩邊叉馬頸者本疏
傳王室之不懷緊伯舅是賴

服曰懷柔也緊蒙也賴恃也王室之不懷柔諸侯恃蒙齊桓之匡正也本疏

○杜本懷作壞正義釋文並云服本作懷正義又云孫毓云案舊本及賈氏皆作壞則賈本與杜同也

傳詩曰行歸于周萬民所望

服曰逸詩也都人士首章有之詩都人士疏

襄十五年

傳屈蕩爲連尹

服曰連尹射官言射相連屬也本疏

傳富而後使復其所

服曰富賣玉得富周禮大宰以九職任萬民疏

襄十六年

經戊寅大夫盟

賈服義　賈服取公羊穀梁以爲說 本疏

傳高厚逃歸

賈義　賈氏復申以入例 釋例逃潰例

襄十七年

傳齊侯使夙沙衛唁之

服曰弔生曰唁 詩節南山釋文○節南山疏○載馳疏

傳抑君賜不終

服曰言君義已故來唁之是惠賜也謂己無死不以義望己是不終也 本疏

傳不如蓋之

服曰蓋覆蓋之言左師無鷹鸇之志而蓋不義之人故尤之 本疏

傳左師爲己短策

服曰策馬捶也 本疏

傳皐門之晳

服曰皐澤也 文選卷八司馬長卿上林賦注

○杜本作澤門釋文云本或作皐門服本蓋然

傳齊晏桓子卒晏嬰麤縗斬苴絰帶杖菅屨食鬻居倚廬寢苫枕草其老曰非大夫之禮也曰唯卿爲大夫

服義 服虔注左傳與端衰喪車無等其老之問晏子之荅皆爲非禮 禮記雜記上大夫爲其父母疏

襄十八年

傳吾驟歌北風又歌南風南風不競多死聲

服曰卯西以北律呂爲北風以南爲南風南風律氣不至故聲多死 本疏

服曰北風無射夾鍾以北南風沽洗以南周禮保障氏以十有二風疏

襄十九年

經公至自伐齊

賈曰圍齊而致伐以策伐勳也本疏

傳取邾田自漷水歸之于我

賈服曰刺晉偏而魯貪本疏

傳光之立也列於諸侯矣

服曰數從諸侯征伐盟會史記齊世家集解

服曰謂光數從諸侯比伐盟會太平御覽卷一百四十六

傳遂東大子光

賈曰徙之東垂史記齊世家集解

賈曰東徙之東鄙也太平御覽卷一百四十六

傳婦人無刑

服曰婦人從人者也故不爲制刑及犯惡從男子之刑也本疏

傳見衞在城上號之乃下問守備焉以無備告揖之乃登

賈曰齊侯以衞告誠揖而禮之欲生之也衞志於戰死故不順齊侯之揖而還登城本疏

服義　服虔引彭仲博云齊欲誅衞呼而下與之言固可取之無爲揖之復令登城仲博以爲齊侯號衞衞慙而下云問守備焉問衞之守高唐者衞無恩信故令守者以無備告齊侯善其言故揖之乃命士卒登城

服虔謂此說近之本疏

傳孔成子

服曰衞卿孔烝鉏史記衞世家集解

襄二十年

經陳侯之弟黃出奔楚

賈義　賈氏以爲稱名以貶陳黃之偪 釋例大夫奔例

賈義　賈逵以爲稱名罪其偪 本疏

襄二十一年

經邾庶其以漆閭丘來奔

賈義　劉賈說三叛人以地來奔不書叛謂不能專也 釋例書叛例

○二十一年賈逵注經云此年仲尼生哀十六年夏四月己丑卒七十三年

襄三十一年傳然明曰蔑也疏

傳子盍詰盜

服義　鄭玄服虔皆以盍爲何不也 本疏

傳庶其非卿也

諸儒義　諸儒以爲邾莒無命卿 釋例爵命例

襄二十二年

傳春臧武仲如晉

服曰武仲非卿故不書 本疏

傳若不恤其患而以爲口實

服曰口實謂讓譴也 本疏

襄二十三年

經夏邾界我來奔

賈曰界我是庶其之黨同有竊邑叛君之罪來奔故書 本疏

經八月叔孫豹帥師救晉次于雍榆

賈義 賈氏取公羊以爲說謂此傳云禮者言其先救後次爲得禮也 本傳疏

賈服義 賈服取公羊以爲說 僖元年經齊師宋師曹師次于聶北救邢疏

先儒義　左傳先儒取公羊爲說言齊桓君也進止自由故先次後救叔孫臣也先通君命故先救後次　莊三年經冬公次于滑疏

傳禮爲鄰國闕

服曰鄰國尙爲之闕樂況舅甥之親乎　儀禮聘禮赴者至則衰而出疏

傳君子謂慶氏不義不可肆也

服義　服虔以爲傳發此言爲不書慶氏以陳叛爲楚所圍稱國以殺不成惡人肆其志也　本疏

傳納諸曲沃

賈曰欒盈之邑　史記齊世家集解

傳欒魴傷

服曰魴盈之子　本疏

傳啓牢成御襄罷師狼蘧疏爲右胠商子車御侯朝桓跳爲右大殿商子游

御夏之御寇崔如爲右

賈曰左翼曰啓右翼曰胠 本疏

服義 服虔引司馬法謀帥篇曰大前驅啓乘車大晨倅車屬焉大晨大殿也音相似 本疏

傳齊侯遂伐晉取朝歌

賈曰晉邑 史記齊世家集解

傳入孟門登大行

賈曰孟門大行皆晉山隘也 史記齊世家集解

傳張武軍於熒庭

服曰張設旗鼓也 本疏

傳趙勝帥東陽之師以追之

服義 服虔以東陽爲魯邑 本疏

傳季氏以公鉏爲馬正

賈曰馬正家司馬 太平御覽卷四百三十二

傳孟孫之惡我藥石也

服曰石砭石也 南史王僧孺傳

傳夫石猶生我

服曰夫謂孟孫也 本疏

傳毋或如東門遂不聽公命

服曰東門遂襄仲也居東門故稱東門遂 史記魯世家集解

傳猶有先人之敝廬在下

服義 服虔以下從上讀 本疏

傳作不順而施不恕也

服曰不順謂阿季氏廢長立少也不恕謂惡孟氏立庶也 本疏

襄二十四年

傳大上有立德

服義　服以伏羲神農當之本疏

傳其次有立功

服義　服以禹稷當之本疏

傳其次有立言

服義　服以史佚周任臧文仲當之本疏

傳象有齒以焚其身

服曰焚讀曰僨僨僵也釋文

服曰焚讀曰僨僨僵也爲生齒牙僵仆其身本疏

傳部婁無松柏

服曰喩小國無賢材知勇之人而與大國等也本疏

左傳賈服注攟逸襄公弟九之二

襄二十五年

傳齊棠公之妻

賈曰棠公齊棠邑大夫 史記齊世家集解

傳史皆曰吉

服曰皆二卦 本疏

傳乃爲崔子間公

服曰伺公間隙 史記齊世家集解

傳公拊楹而歌

服曰公以爲姜氏不知己在外故歌以命之也一曰公自知欺恐不得出故歌以自悔 史記齊世家集解

傳不能聽命

服曰言不能親聽公命 史記齊世家集解

傳近於公宮

服曰崔杼之宮近公宮淫者或詐稱公 史記齊世家集解

傳陪臣干諏有淫者

服曰一曰干扞也諏謀也言受崔子命扞禦謀淫之人 本疏

服義 干服音如字諏謀也 釋文

傳晏氏立於崔氏之門外

賈曰聞難而來 史記齊世家集解

傳故君爲社稷死則死之爲社稷亡則亡之

服曰謂以公義爲社稷死亡也如是者臣亦隨之死亡 史記齊世家集解

傳若爲己死而爲己亡非其私暱誰敢任之

服曰言君自以己之私欲取死亡之禍則私近之臣所當任也史記齊世家集解

傳舍之得民

服曰置之所以得人心史記齊世家集解

傳執簡以往

服曰古文篆書一簡八分字儀禮聘禮記若有故疏

傳下車七乘

服曰下車遣車也本疏

服曰上公饔餼九牢遣車九乘禮記檀弓下君之適長殤疏

傳當陳隧者井堙木刊

服曰堙塞刊削也詩泮水疏

傳祝袚社司徒致民司馬致節司空致地

服義　服虔以爲祝與司徒皆是陳人各致其所主於子產 本疏

傳武也知楚令尹

服義　服以令尹爲屈建 本疏

傳度山林鳩藪澤辨京陵表淳鹵數疆潦規偃豬町原防牧隰皋井衍沃

賈曰淳鹹也 本疏

賈義　疆其良反 釋文

賈義　賈逵以疆爲疆檃墝埆之地 本疏

賈曰下平曰衍有溉曰沃 釋文○本疏

賈曰山林之地九夫爲度九度而當一井也藪澤之地九夫爲鳩八鳩而當一井也京陵之地九夫爲辨七辨而當一井也淳鹵之地九夫爲表六表而當一井也疆陵之地九夫爲數五數而當一井也偃豬之地九夫爲規四規而當一井也原防之地九夫爲町三町而當一井也隰皋

之地九夫爲牧二牧而當一井也衍沃之地畝百爲夫九夫爲井 本疏

襄二十六年

傳辛卯殺子叔及大子角

服曰殺大子角不書舉重者 本疏

傳專祿以周旋

服曰專祿謂以戚叛也既叛衞亦不臣於晉自謂若小國是爲專祿 本疏

傳先八邑

服曰四井爲邑 史記鄭世家集解

傳取衞西鄙懿氏六十以與孫氏

服曰六十邑 本疏

傳晉侯賦嘉樂

服曰晉侯自嘉樂 本疏

傳寺人惠牆伊戾爲大子內師而無寵
服曰惠伊皆發聲實爲牆戾 本疏
傳夫不惡女乎
服曰夫謂大子 襄二十三年傳夫石猶生我疏
傳欒范易行以誘之
賈義 賈逵讀易爲變易之易以行爲道也欒爲將范爲佐二人分中軍
別將之欲使欒與范易道令范先誘楚欒以良卒從而擊之 本疏
傳釁於勇
賈義 賈以釁爲動也 本疏
傳以登其城克而取之
服曰取魯高魚及反之皆不書蓋諱之 本疏
襄二十七年

傳公喪之如稅服終身

服曰衰麻已除日月已過乃聞喪而服是爲稅服稅服服之輕者本疏

傳仲尼使舉是禮也以爲多文辭

服曰以其多文辭故特舉而用之後世謂之孔氏聘辭以孔氏有其辭故傳不復載也本疏

傳伯夙謂趙孟

服曰伯夙晉大夫本疏

傳故不書其族言違命也

賈曰叔孫義也魯疾之非也本疏

服曰叔孫欲尊魯國不爲人私雖以違命見貶其於尊國之義得之本疏

傳趙孟爲客

服曰楚李貽德云疑燕字之誤似是君恒以大夫爲賓者大夫卑雖尊之猶遠君也楚先猷

爲盟主故尊趙孟爲客 本疏

傳宜其光輔五君以爲盟主也

服曰文公爲戎右襄靈爲大夫成公爲卿景公爲大傅也 本疏

傳牀第之言

服曰簀謂之第 史記禮書集解

傳請免死之邑

服曰向戌自以止兵民不戰鬬自矜其功故求免死之賞也 本疏

傳以誣道弊諸侯

服曰弊踣也 釋文

服曰斃踣也一曰罷也 本疏

○杜本作蔽釋文云服虔王肅董遇並作弊正義云服本作斃王董本皆作蔽兩書所言不合盧文弨以釋文爲誤

傳告盧蒲嫳

賈曰嫳齊大夫慶封之屬　史記齊世家集解

襄二十八年

傳歲在星紀而淫於玄枵以有時菑陰不堪陽

服曰歲爲陽玄枵爲陰歲乘陰進至玄枵陰不勝陽故溫無冰　本疏

傳楚不幾十年未能恤諸侯也

服曰此行也楚康王卒至昭四年楚靈王合諸侯于申距今八年故不幾十年　本疏

傳舍不爲墠

服曰除地爲墠　本疏

墠杜本作壇正義云服虔本作墠

傳與慶舍政

服曰舍慶封之子也生傳其職政與子 史記齊世家集解

傳吳句餘予之朱方

服義 服虔以句餘爲餘祭 本疏

襄二十九年

傳祇見疏也

服曰祇適也 本疏

傳滎成伯賦式微

服曰言君用中國之道微 詩式微疏

傳先君若有知也不尚取之

服曰不尚尚也尚當取女叔侯殺之 本疏

傳毋寧夫人而焉用老臣

服曰毋寧寧也寧自取夫人將焉用老臣乎 上先君若有知也疏

傳請觀於周樂

服曰周樂魯所受四代之樂也 史記吳世家集解

傳曰美哉

先儒義　先儒以爲季札所言觀其詩辭而知 本疏

傳猶未也

賈曰言未有雅頌之成功也 史記吳世家集解

服曰未有雅頌之成功 詩關雎序周南召南正始之道疏

傳爲之歌邶鄘衛

服曰鄘在紂都之西 詩邶鄘衛譜疏

服義　服虔依地理志爲說 詩邶鄘衛譜疏

傳美哉淵乎

賈曰淵深也 史記吳世家集解

傳吾聞衛康叔武公之德如是

賈曰康叔遭管叔蔡叔之難武公罹幽王褒姒之變故曰康叔武公之德如是　史記吳世家集解

傳爲之歌王

服曰王室當在雅衰微而列在風故國人猶尊之故稱王猶春秋之王人也　史記吳世家集解

服曰尊之猶稱王猶春秋之王人稱王而列於諸侯之上在風則卑矣已　詩王城譜疏

傳其周之東乎

服曰平王東遷雒邑　史記吳世家集解

傳爲之歌鄭

賈曰鄭風東鄭是　史記吳世家集解

服曰鄭東鄭古鄶國之地 詩鄭譜疏

傳美哉其細已甚民弗堪也是其先亡乎

服曰其風細弱已甚攝於大國之間無遠慮持久之風故曰民不堪將先亡也 史記吳世家集解

傳泱泱乎大風也哉

服曰泱泱舒緩深遠有大和之意其詩風刺辭約而義微體疏而不切故曰大風 史記吳世家集解

傳國未可量也

服曰國之興衰世數長短未可量也 史記吳世家集解

傳美哉蕩乎樂而不淫

賈曰蕩然無憂自樂而不荒淫也 史記吳世家集解

傳爲之歌秦曰此之謂夏聲

服曰秦仲始有車馬禮樂之好侍御之臣戎車四牡田狩之事其孫襄公列爲秦伯故蒹葭蒼蒼之歌終南之詩追錄先人車鄰駟驖小戎之歌與諸夏同風故曰夏聲 詩秦譜疏

傳大而婉險而易行以德輔此則盟主也

賈曰其志大直而有曲體歸中和中庸之德難成而實易行故曰以德輔此則盟主也 史記吳世家集解

傳自鄶以下無譏焉

服曰鄶是陸終第四子求言後 詩檜譜疏

服曰鄶以下及曹風也其國小無所刺譏 史記吳世家集解

傳爲之歌小雅

服曰自鹿鳴至菁菁者莪道文武脩小政定大亂致太平樂且有儀是爲正小雅 詩小大雅譜疏

傳美哉思而不貳怨而不言其周德之衰乎

服義　服虔以爲此歎變小雅也其意言思上世之明聖而不貳於當時之王怨當時之政而不有背叛之志也其周德之衰微乎疑其幽厲之政也　本疏

傳爲之歌大雅

服曰陳文王之德武王之功自文王以下至鳧鷖是爲正大雅　詩小大雅譜疏

傳爲之歌頌

服曰哀公十一年孔子自衞反魯然後樂正雅頌各得其所距此六十二歲當時雅頌未定而云爲之歌小雅大雅頌者傳家據已定錄之　詩譜序本之由此風雅而來疏

○周禮大師教六詩賈疏引先鄭左傳之注全同於此文而與其周禮注乖違尤甚故爲調停之言云先鄭蓋兩解若然則服氏取先鄭一解

以爲己說也然未聞有先鄭注左傳之事疑賈疏誤引服氏以爲先鄭與

傳至矣哉

賈曰言道備至也 史記吳世家集解

傳遷而不淫

服曰遷徙也文王徙酆武王居鄗 史記吳世家集解

傳見舞象箾南籥者

賈曰象文王之樂武象也箾舞曲也南籥以籥舞也 史記吳世家集解

服曰象文王之樂舞象也箾舞曲名言天下樂削去無道 詩維清序疏

傳美哉猶有憾

服曰憾恨也恨不及己以伐紂而致太平 史記吳世家集解

傳見舞大武者

賈曰大武周公所作武王樂也 史記吳世家集解

傳見舞韶護者
賈曰韶護殷成湯樂大護也　史記吳世家集解
傳聖人之弘也而猶有慙德聖人之難也
賈曰弘大也　史記吳世家集解
服曰慙於始伐而無聖佐故曰聖人之難也　史記吳世家集解
傳見舞大夏者
賈曰夏禹之樂大夏也　史記吳世家集解
傳美哉勤而不德
服曰禹勤其身以治水土也　史記吳世家集解
傳見舞韶箾者
服曰有虞氏之樂大韶也　史記吳世家集解
傳德至哉大矣

服曰至帝王之道極於韶也盡美盡善也史記吳世家集解

傳如天之無不燾也

賈曰燾覆也史記吳世家集解

○杜本作幬賈本蓋如此

傳若有他樂吾不敢請已

服曰周用六代之樂堯曰咸池黄帝曰雲門魯受四代下周二等故不舞其二季札知之故曰有他樂吾不敢請史記吳世家集解

先儒義　先儒以爲季札在吳未嘗經見此樂爲歌諸詩其所歎美皆以詩辭之内求所歎之意本疏

傳其出聘也通嗣君也

賈服義　賈逵服虔皆以爲夷末新卽位使來通聘本經疏

傳子速納邑與政

服曰入邑與政職於公不與國家之事史記吳世家集解

傳愼之以禮

服曰禮所以經國家利社稷也史記吳世家集解

傳聞鍾聲焉

服曰孫文子鼓鍾作樂也史記吳世家集解

傳辯而不德必加於戮

服曰辯若鬭辯也夫以辯爭不以德居之必加於刑戮也史記吳世家集解

傳夫子獲罪於君以在此

賈曰夫子孫文子也獲罪出獻公以戚畔也史記吳世家集解

傳君又在殯而可以樂乎

賈曰言衛君獻公棺在殯未葬史記吳世家集解

傳文子聞之終身不聽琴瑟

服曰聞義而改也琴瑟不聽況于鍾鼓乎 史記吳世家集解

傳晉國其萃於三族乎

服曰言晉國之祚將集於三家 史記吳世家集解

傳吾子好直

服曰直不能曲橈以從衆 史記吳世家集解

襄三十年

傳穆叔問王子之爲政何如

服曰王子楚令尹王子圍也 本疏

○釋文問王子圍之爲政一本無圍字服虔王肅本同

傳吏走問諸朝

服曰吏不知歷者 釋文

服曰吏不知歷數故走問於卿大夫 本疏

傳而廢其輿尉

服曰輿尉軍尉主發衆使民本疏

傳鳥鳴于亳社

服曰殷宋之祖也故鳴其社伯姬魯女欲使魯往悟伯姬也本疏

傳甲午宋大災

服曰不書大非灾及人伯姬坐而待之耳本疏

傳大夫放

服曰淫放也釋文

服曰言大夫淫放本疏

〇杜本作敖釋文正義皆云服本作放

襄三十一年

傳立胡女敬歸之子子野

服曰胡歸姓之國也　史記魯世家集解

傳齊歸之子

服曰齊謚也　史記魯世家集解

傳無則立長

服曰無母弟則立庶子之長　史記魯世家集解

傳於是昭公十九年矣猶有童心

服曰言無成人之志而有童子之心　史記魯世家集解

傳以羸諸侯

賈服義　賈服皆讀爲盈　本疏

傳延州來季子其果立乎

服曰延延陵也州來邑名季子讓王位升延陵爲大夫食邑州來傳家通

言之　本疏

傳令尹以君矣

服曰言令尹動作以君儀故云以君矣本疏

○以杜本作似正義云俗本作似君定本亦作似君恐非

左傳賈服注攟逸昭公弟十之一

昭元年

經叔孫豹會晉趙武楚公子圍齊國弱宋向戌衛齊惡陳公子招蔡公孫歸生鄭罕虎許人曹人于虢

先儒義〔陳公子招不稱弟者〕先儒或取公羊爲說 本疏

經三月取鄆

賈曰楚以伐莒來討故諱伐不諱取 本疏

傳告於莊共之廟而來

服曰莊謂楚莊王圍之祖共王圍之父 儀禮聘禮厭明賓朝服疏

傳楚公子圍設服離衛

服曰二人執戈在前在國居君離宮陳衛在門 本疏

傳蒲宮有前不亦可乎

服曰蒲宮楚君離宮言令尹在國已居君之宮出有前戈不亦可乎本疏

傳吾代二子愍矣

服曰愍憂也代伯州犂憂公子圍代子羽憂子晳本疏

傳周有徐奄

賈曰徐卽淮夷本疏

服曰一曰魯公所伐徐戎也本疏

傳吾與子弁冕端委

服曰禮衣端正無殺故曰端文德之衣尚褒長故曰委本疏

傳終事八反

服義　服虔以爲每於十里置車一乘千里百乘以次相授車率皆日行一百六十里本疏

傳兩於前伍於後專爲右角參爲左角偏爲前拒

服義　服虔引司馬法云五十乘爲兩百二十乘爲伍八十一乘爲專二十九乘爲參二十五乘爲偏　本疏

傳居于曠林

賈曰曠大也　史記鄭世家集解

傳后帝不臧

賈曰后帝堯也臧善也　史記鄭世家集解

傳遷閼伯于商邱主辰

賈曰商邱在漳南　史記鄭世家集解

服曰辰大火主祀也　史記鄭世家集解

傳商人是因故辰爲商星

服曰商人契之先湯之始祖相土封閼伯之故地因其故國而代之　史記

鄭世家集解

傳遷實沈于大夏主參

服曰大夏在汾澮之間主祀參星 史記鄭世家集解

傳唐人是因以服事夏商

賈曰唐人謂陶唐氏之胤劉累也事夏帝孔甲封於大夏因實沈之國子孫服事商也 史記鄭世家集解

服義 服虔以唐人卽是劉累 本疏

傳其季世曰唐叔虞

服義 服虔以爲唐叔虞卽下句邑姜所生者也 本疏

傳當武王邑姜方震大叔

服曰邑姜武王后齊太公女 史記晉世家集解

傳夢帝謂己

賈曰帝天也己武王也 史記鄭世家集解

服曰己武王也 本疏

傳及成王滅唐而封大叔焉故參爲晉星

賈曰晉主祀參參爲晉星 史記鄭世家集解

傳昔金天氏有裔子曰昧爲玄冥師生允格臺駘

服曰金天少皞也玄冥水官也師長也昧爲水官之長允格臺駘兄弟也

史記鄭世家集解

傳臺駘能業其官

服曰脩昧之職 史記鄭世家集解

傳宣汾洮障大澤以處大原

賈曰宣猶通也汾洮二水名 史記鄭世家集解○水經涑水注引下一句

服曰陂障其水也大原汾水名 史記鄭世家集解

傳帝用嘉之封諸汾川

服曰帝顓頊也 史記鄭世家集解

傳沈姒蓐黃實守其祀

賈曰四國臺駘之後也 史記鄭世家集解

傳今晉主汾而滅之矣

賈曰滅四國 史記鄭世家集解

傳山川之神則水旱癘疫之災於是乎禜之

賈義 賈逵以爲營攢用幣 本疏

服曰禜爲營攢用幣也若有旱則禜祭山川之神以祈禮也 史記鄭世家集解

傳勿使有所壅閉湫底

服曰湫著也底止也 釋文〇本疏

傳煩手淫聲

服曰鄭重其手而音淫過 公羊莊十七年傳疏

傳天有六氣

服曰六氣者陰陽風雨晦明也陰作土陽與風作木雨作金晦作水明作火唯天陽不變 五行大義卷四

傳風淫末疾

賈服曰風東方雨西方陰中央晦北方明南方唯天陽不變 詩漸漸之石疏

賈義 賈逵以末疾爲首疾謂風眩也 本疏

傳伍舉問應爲後之辭焉

服曰問來赴者 史記楚世家集解

傳將會孟子餘

服義 服虔以孟爲趙盾子餘爲趙衰 本疏

傳甲辰朔烝于溫

服曰甲辰朔夏十一月朔也本疏

服曰祭人君用孟月人臣用孟月禮記王制天子社稷皆大牢疏

昭二年

傳宣子譽之

服曰譽游也宣子游其樹下夏諺曰一游一譽爲諸侯度本疏

傳晉侯謂之少齊

服曰所以寵異不與齊衆女字等言齊國如此好女甚少本疏

傳晉侯使郊勞

服曰近郊三十里詩駉疏

昭三年

傳火中寒暑乃退

服曰火大火心也季冬十二月平旦正中在南方大寒退季夏六月黄昏

火星中大暑退 詩七月疏

傳焜燿寡人之望

服曰焜明也燿照也 釋文〇本疏

傳三老凍餒

服曰三老者工老商老農老也 釋文〇本疏

傳民人痛疾而或燠休之

賈曰燠厚也休美也 釋文〇本疏

服曰燠休痛其痛而念之若今時小兒痛父母以口就之曰燠休代其痛也 本疏

傳其相胡公大姬

服義 相如字 釋文

服曰相隨也 本疏

傳讒鼎之銘

服曰疾讒之鼎也 釋文

服曰讒鼎疾讒之鼎明堂位所云崇鼎是也一云讒地名禹鑄九鼎於甘

讒之地故曰讒鼎 本疏

傳子豐有勞於晉國

服曰鄭僖公之爲大子子豐與之俱適晉 本疏

昭四年

傳四嶽

服曰東岳岱南岳衡西岳華北嶽恒 詩崧高疏

傳三塗

服曰三塗大行轘轅崤澠也 水經伊水注〇本疏

傳古者日在北陸而藏冰

服曰陸道也北陸言在謂十二月日在危一度（周禮凌人夏頒冰掌事節疏）

傳西陸朝覿而出之

服曰西陸朝覿不言在則不在昴謂二月在婁四度謂春分時奎婁晨見東方而出冰是公始用之（周禮凌人夏頒冰掌事疏）

服義　服虔以西陸朝覿而出之謂二月日在婁四度春分之中奎始晨見東方蟄蟲出矣故以是時出之給賓客喪祭之用（詩七月疏）

服義　服虔以爲二月日在婁四度春分之中奎始朝見東方以是時出冰月令仲春天子乃獻羔啓冰是也（本疏）

傳朝之祿位賓食喪祭於是乎用之

服曰祿位謂大夫以上賓客食享喪浴祭祀（詩七月疏○原文有誤不可讀今從校勘記改）

傳其藏之也黑牡秬黍以享司寒

服曰司寒司陰之神玄冥也將藏冰致寒氣故祀其神 詩七月疏

傳其出之也桃弧棘矢以除其災

服曰桃所以逃凶也棘矢者棘赤有箴取其名也蓋出冰之時置此弓矢於凌室之戶所以禳除凶邪將御至尊故愼其事爲此禮也 本疏

傳火出而畢賦

服曰火出於夏爲三月於商爲四月於周爲五月 周禮宮正春秋以木鐸脩火禁疏○凌人夏頒冰掌事疏

傳秋無苦雨

服曰害物之雨民所苦 詩甫田疏

傳成有岐陽之蒐

賈曰岐山之陽 史記楚世家集解

傳康有酆宮之朝

服曰鄤宮成王廟所在也史記楚世家集解
傳王曰吾用齊桓
服曰召陵之役齊桓退舍以禮楚靈王今感其意是以用之本疏
傳寡君將墮幣焉
服曰墮輸也釋文○詩正月疏
服曰墮輸也言將輸受宋之幣於宗廟本疏
傳夏桀爲仍之會有緡叛之
賈曰仍緡國名也史記楚世家集解
傳商紂爲黎之蒐東夷叛之
服曰黎東夷國名也子姓史記楚世家集解
傳鄭子產作丘賦
服義　服虔以爲子產作丘賦者賦此一丘之田使之出一馬三牛復古

制耳丘賦之法不行久矣今子產復脩古法民以爲貪故謗之 本疏

傳蔡及曹滕其先亡乎

服曰齊景亡滕 隱七年經滕侯卒疏

傳饗大夫以落之

服曰釁以豭豚爲落 詩斯干序疏

昭五年

經夏莒牟夷以牟婁及防茲來奔

賈曰三叛人以地來奔不書叛謂不能專也 釋例書奔例

傳卿喪自朝魯禮也

服曰言卿葬三辭於朝從朝出正門卿佐國之楨幹君之股肱必過於朝重之也 本疏

傳使亂大從

服曰使亂大和順之道也 釋文○本疏無色也字

傳明而未融

服曰融高也 詩東方之日疏

傳享覜有璋

服義 服以享爲獻耳 釋文

先儒義 先儒以爲朝聘之禮使執玉以授主國之君乃行享禮獻國之所有覜見也謂行享禮以見主國之君也 本疏

傳小有述職

服曰諸侯適天子曰述職 詩下泉疏

傳飱有陪鼎

服曰陪牛羊豕鼎故云陪鼎 本疏

傳叔禽叔椒子羽

賈曰皆韓起庶子本疏

傳羊舌四族皆彊家也

服義　服氏數伯華叔向叔魚季夙本疏

傳何不可之有

服曰何不可之有如是本疏

傳薳啓彊待命于雩婁

服曰雩婁楚之東邑史記吳世家集解

昭六年

傳三辟之興皆叔世也

服曰政衰爲叔世叔世踰於季世季世不能作辟也本疏

傳詩曰儀式刑文王之德日靖四方

服曰儀善式用刑法靖謀也言善用法文王之德日日謀安四方本疏

傳儀刑文王萬邦作孚

服曰儀善也刑法也善用法者文王也言文王善用其法故能爲萬國所信也本疏

傳火未出而作火以鑄刑器藏爭辟焉火如象之不火何爲

服曰鑄鼎藏爭辟故今出火與五行之火爭明故爲災在器故稱藏也本疏

傳不抽屋不强匄

服曰抽裂也言不毁裂所舍之屋也匄乞也不就人强乞也本疏

昭七年

傳春王正月暨齊平

服曰賈逵以爲魯與齊平許惠卿以爲燕與齊平襄二十四年仲孫羯侵齊二十五年崔杼伐我自爾以來齊魯不相侵伐且齊是大國無爲求

與魯平此六年冬齊侯伐北燕將納簡公齊侯貪賄而與之平故傳言齊求之也齊次于虢燕人行成其文相比許君近之本經疏

傳士臣阜阜臣輿輿臣隸隸臣僚僚臣僕僕臣臺

服曰阜造也造成事也輿衆也佐阜舉衆事也隸隸屬於吏也僚勞也共勞事也僕僕豎主藏者也臺給臺下微名也本疏

傳作僕區之法

服曰僕隱也區匿也爲隱匿亡人之法也釋文○本疏無下匿字

傳好以大屈

賈曰大屈寶金可以爲劍出大屈也釋文

賈曰大屈寶金可以爲劍大屈金所生地名本疏

服曰大屈弓名又云大曲也釋文

服曰一曰大屈弓名魯連書曰楚子享魯侯於章華之臺與大曲之弓既

而悔之薳啓疆見魯侯魯侯歸之大屈卽大曲也　本疏

服曰大屈寶金可以爲劔一曰大屈弓名魯連書曰楚子享魯侯于章華與之大曲之弓旣而悔之大屈殆所謂大曲之弓也　史記魯世家集解

傳今夢黃熊入于寢門

賈曰熊獸也　本疏

傳賜子產莒之二方鼎

服曰鼎三足則圓四足則方　本疏

傳吾聞將有達者曰孔丘聖人之後也而滅於宋

服曰聖人謂商湯　史記孔子世家集解

服曰聖人謂商湯也孔子六代祖孔父嘉爲宋華督所殺其子奔魯也　後漢書孔融傳注

傳其祖弗父何以有宋而授厲公

服曰弗父何宋湣公世子厲公之兄以有宋言湣公之適嗣當有宋國而讓與弟厲公也 詩那序疏

傳及正考父佐戴武宣

服曰正考父弗父何之曾孫 史記孔子世家集解

傳一命而僂再命而傴三命而俯

服曰僂傴俯皆恭敬之貌也 史記孔子世家集解

傳歲時日月星辰是謂也

服義 服虔以爲歲星之神也左行於地十二歲而一周時四時也日十日也星二十八宿也辰十二辰也是爲六物也 詩小弁疏

昭八年

經秋蒐于紅

賈曰蒐于紅不言大者言公大失權在三家也 釋例蒐狩例

經葬陳哀公

賈服義　賈服以葬哀公之文在殺孔奐之下以爲楚葬哀公　本疏

傳八年春石言于晉魏榆

服曰魏晉邑榆州里名也　水經洞過水注

服曰魏邑也榆州里名　釋文○本疏無也字

傳將往

服曰將往者欲往到陳氏問助子良攻我意　本疏

傳輿嬖袁克殺馬毀玉以葬

服曰一曰馬陳侯所乘馬玉陳侯所佩玉故殺馬毀玉不欲使楚得之

本疏

傳陳顓頊之族也

服曰陳祖虞舜舜出顓頊故爲顓頊之族　史記陳杞世家集解

傳且陳氏得政于齊而後陣卒亡

賈曰物莫能兩盛 史記陳杞世家集解

傳自幕至于瞽瞍無違命

賈曰幕舜後虞思也至于瞽瞍無聞違天命以廢絕者 史記陳杞世家集解

傳九年

春叔弓宋華亥鄭游吉衞趙黶會楚子于陳

服義 服虔以爲此會宋鄭衞之大夫不書叔弓後也 本疏

傳以夷濮西田益之

服曰濮水名也 水經濮水注

傳蒲姑商奄吾東土也

服曰蒲姑商奄濱東海者也蒲姑齊也商奄魯也二十年傳曰蒲姑氏因之定四年傳曰因商奄之民命以伯禽 本疏

傳王有姻喪

服曰婦之父曰姻王之后喪父於王亦有服義故往弔 本疏

傳夏四月陳災

賈服義　賈服取公羊穀梁爲說 本經疏

傳火水妃也

服曰火離也水坎也易卦離爲中女坎爲中男故火爲水妃 本疏

傳辰在子卯謂之疾日

賈曰桀以乙卯日死受以甲子日亡故以爲戒 禮記檀弓下子卯不樂釋文

傳孟僖子如齊殷聘禮也

服曰殷中也自襄二十年叔老聘於齊至今積二十年聘齊故中復盛聘

周禮大行人凡諸侯之邦交疏○原文作二十一年蓋衍一字耳

服曰自襄二十年叔老聘於齊至今積二十年故脩盛聘之禮 禮記聘義故

天子制疏

昭十年

傳冬十二月宋平公卒

賈服義〔經去冬者〕賈服以爲刺不登臺視氣 公羊本經疏

傳請斷三尺焉而用之

服曰斷三尺使至於較大夫旗至較 周禮輿人以其隧之半疏

○此雖不題注者名而以下有或可服君誤之文故定爲服注

傳視民不佻

服曰示民不愉薄 詩鹿鳴疏

昭十一年

經大蒐于比蒲

賈曰書大者言大衆盡在三家 釋例蒐狩例

經仲孫貜會邾子盟于詳

○杜本作祲祥公羊本經疏云服氏注引者直作詳字

經秋季孫意如會晉韓起齊國酌宋華亥衛北宮佗鄭罕虎曹人杞人于厥憖

○杜本國酌作國弱公羊本經疏云賈氏作酌字與此同服氏及穀梁皆作齊國弱字也

傳五大不在邊

賈曰五大謂大子母弟貴寵公子公孫累世正卿也 本疏

昭十二年

經十有二年春齊高偃帥師納北燕伯于陽

賈曰時陽守距難故稱納 釋例歸入納例

傳晉伐鮮虞

賈服義　賈服取穀梁以爲說 本經疏

傳已乎已乎

服曰已乎已乎決絕之辭 本疏

傳僕析父從

賈曰析父楚大夫 史記楚世家集解

傳四國皆有分

服曰有功德受分器 史記楚世家集解

傳篳露藍蔞以處草莽跋涉山林以事天子唯是桃弧棘矢以共禦王事

服曰篳露柴車素大輅也藍蔞言衣壞其藍藍然也草行曰跋水行曰涉

桃弧棘矢所以禦其災言楚地山林無所出也 史記楚世家集解

○杜本露作路蔞作縷服本蓋如此

傳齊王舅也

服曰齊呂伋成王之舅（史記楚世家集解）

傳昔我皇祖伯父昆吾舊許是宅

服曰陸終氏六子長曰昆吾少曰季連連楚之祖故謂昆吾爲伯父也昆吾曾居許地故曰舊許是宅（史記楚世家集解）

傳是能讀三墳五典八索九丘

賈曰三墳三皇之書五典五帝之典八索素王之法九邱亡國之戒墳大也言三皇之大道孔子作春秋素王之文也（文選卷十六潘安仁閒居賦注）

賈曰三墳三皇之書五典五帝之典八索八王之法九邱九州亡國之戒（本疏）

傳祭公謀父作祈昭之詩

賈曰祈求也昭明也言求明德也（本疏）

○杜本作招賈本蓋如此

昭十三年

經晉人執季孫意如以歸

賈義　劉賈許穎雜取晉人執季孫以歸劉子單子以王猛居于皇尹氏召伯毛伯以王子朝奔楚隨示以義 釋例及會例

傳請待于郊以聽國人

服曰聽國人欲爲誰 史記楚世家集解

傳王沿夏將欲入鄢

服曰鄢楚別都也 史記楚世家集解

傳吾父再奸王命

服曰斷王旌執人於章華之宮 史記楚世家集解

傳吳人敗諸豫章獲其五帥

服曰五帥蕩侯潘子司馬督囂尹午陵尹喜 史記楚世家集解

傳乃使爲卜尹

賈曰卜尹卜師大夫官 史記楚世家集解

傳乃與巴姬密埋璧於大室之庭

賈曰共王妾 史記楚世家集解

傳康王跨之

服曰兩足各跨璧一邊 史記楚世家集解

傳同惡相求如市賈

服曰謂國人共惡靈王者如市賈之人求利也 史記楚世家集解

傳無與同好誰與同惡

服曰言無黨於內當與誰共同好惡 史記楚世家集解

傳無黨而動可謂無謀

服曰言靈王尚在而妄動取國故謂無謀 史記楚世家集解

傳私欲不違

服曰不以私欲違民心 史記楚世家集解

傳齊桓晉文不亦是乎

服曰皆庶子而出奔 史記楚世家集解

傳有莒衛以爲外主

賈曰齊桓出奔莒自莒先入衛人助之 史記楚世家集解

傳有高國以爲內主

服曰國子高子皆齊之正卿 史記楚世家集解

傳從善如流

服曰言其疾 史記楚世家集解

傳有先大夫子餘子犯以爲腹心

賈曰子餘趙衰 史記楚世家集解

傳有齊宋秦楚以爲外主

賈曰齊以女妻之宋贈之馬楚亨以九獻秦逆內之　史記楚世家集解

傳有欒郤狐先以爲內主

賈曰四姓晉大夫　史記楚世家集解

傳惠懷弃民

服曰皆棄民不恤　史記楚世家集解

傳是故明王之制使諸侯歲聘以志業間朝以講禮再朝而會以示威再會而盟以顯昭明

賈服義　賈逵服虔皆以爲朝天子之法　禮記王制諸侯之於天子也疏

傳鄭伯男也

賈曰男當作南謂南面之君也　本疏

賈義　賈逵以爲鄭伯爵在男畿　詩鄭譜疏

服曰：鄭伯爵在男服也。本疏

傳：賈之無藝

服曰：藝，極也。一曰常也。本疏

左傳賈服注攟逸昭公弟十之二

昭十四年

傳司徒老祁慮癸

服曰司徒姓也老祁字也慮癸亦姓字也二子季氏家臣也本疏

傳宥孤寡

服義　服虔以宥爲寬赦其罪本疏

傳任良物官

賈曰物官量能授官也本疏

傳乃施邢侯

服曰施罪於邢侯施猶劾也邢侯亡故劾之本疏○釋文引上一句

傳三數叔魚之惡不爲末減曰義也

服義　服虔讀減爲咸下屬爲句不爲末者不爲末䊶隱蔽之也咸曰義
也言人皆曰叔向是義 本疏

昭十五年

傳吾見赤黑之祲

服曰水黑火赤水火相遇云々 本疏

傳而在下位辱必求之吾助子請

服義　服虔以辱從下讀訓之爲欲欲必求之吾助子請 本疏

傳禮王之大經也

服曰經常也常所當行也 本疏

昭十六年

經楚子誘戎蠻子殺之

賈曰楚子不名以立其子 本疏

傳幾爲之笑而不陵我

服義　幾音機近也釋文

服曰幾近也孔張失位近爲所笑本疏

傳刑之頗類

服義　服虔讀類爲纇解云頗偏也纇不平也本疏

傳立於朝而祀於家

服曰祀其所自出之君於家以爲大祖本疏

傳其祭在廟已有著位

服義　服虔以爲其祭在廟謂孔張先祖廟食本疏

傳爲國非不能事大字小之難

服義　服虔斷字小之難以下爲義解云字養也言事大國易養小國難本疏

傳不亦銳乎

服曰銳折也本疏○今本脫據宋本補

昭十七年

傳昔者黃帝氏以雲紀故爲雲師而雲名炎帝氏以火紀故爲火師而火名共工氏以水紀故爲水師而水名大皞氏以龍紀故爲龍師而龍名

服曰黃帝受命得景雲之瑞故以雲紀事本疏

服曰黃帝以雲名官蓋春官爲青雲氏夏官爲縉雲氏秋官爲白雲氏冬官爲黑雲氏中官爲黃雲氏炎帝以火名官春官爲大火夏官爲鶉火秋官爲西火冬官爲北火中官爲中火共工以水名官春官爲東水夏官爲南水秋官爲西水冬官爲北水中官爲中水大皞以龍名官春官爲青龍氏夏官爲赤龍氏秋官爲白龍氏冬官爲黑龍氏中官爲黃龍氏本疏

傳五雉爲五工正利器用正度量夷民者也

賈曰西方曰鷷雉攻木之工也東方曰鶅雉摶埴之工也南方曰翟雉攻金之工也北方曰鵗雉攻皮之工也伊洛而南曰翬雉設五色之工也本疏

服曰雉者夷也夷平也使度量器用平也本疏

傳九扈爲九農正

賈曰春扈分循相五上之宜趣民耕種者也夏扈竊玄趣民耘苗者也秋扈竊藍趣民收斂者也冬扈竊黃趣民蓋藏者也棘扈竊丹爲果驅鳥者也行扈唶唶晝爲民驅鳥者也宵扈嘖嘖夜爲農驅獸者也桑扈竊脂爲蠶驅雀者也老扈鷃鷃趣民收麥令不得晏起者也本疏

賈服曰鷃鷃亦聲音爲名也本疏

傳自顓頊以來不能紀遠乃紀於近爲民師而命以民事則不能故也

服曰自少皞以上天子之號以其德百官之號以其徵自顓頊以來天子之號以其地百官之紀以其事禮記月令孟春其帝大皞節疏

服曰春官爲木正夏官爲火正秋官爲金正冬官爲水正中官爲土正高辛氏因之故傳云遂濟窮桑窮桑顓頊所居周禮正義序

傳涉自棘津

服曰棘津猶孟津也水經河水注

傳冬有星第于大辰西及漢

賈曰天漢水也或曰天河太平御覽卷八

服曰有星彗星也其形第第故曰第玉燭寶典仲春

○杜本作孛服本蓋作第

昭十八年

傳梓愼登大庭氏之庫以望之

服曰四國夾有火氣也本疏

服曰在黄帝前本疏

先儒曰炎帝號神農氏一曰大庭氏本疏

傳弗良及也

服曰弗良及也不能及也良能也本疏

傳禳火于玄冥回祿

先儒曰回祿火神本疏

傳六月鄅人藉稻

服曰藉耕種於藉田也本疏

傳今執事撊然授兵登陴

服曰撊然猛貌也本疏

昭十九年

傳楚子之在蔡也

賈曰楚子在蔡爲蔡公時也本疏

傳費無極爲少師

服曰楚大夫史記齊世家集解

傳若大城城父而寘大子焉

服曰城父楚北境邑史記楚世家集解

傳寡君之二三臣札瘥夭昏

賈曰大死曰札小疫曰瘥短折曰夭未名曰昏本疏○周禮司關國凶札則無關門之征疏

傳其一二父兄懼隊宗主

服曰祏主藏於宗廟故曰宗主本疏

傳寡君與其二三老

服曰二三老駟偃家臣本疏

昭二十年

經夏曹公孫會自鄸出奔宋

賈曰前此以鄸叛也叛便從鄸而出叛不告故不書本疏

賈曰所以華亥向寧射姑等不見有玉帛來聘者以其時未爲卿也本疏

傳春王二月己丑日南至梓慎望氛

服曰梓慎知失閏二月冬至故獨以二月望氛本疏

傳奮揚使城父人執己以至

服曰城父人城父大夫也本疏

傳相從爲愈

服曰相從愈於共死本疏

傳彼將有他志

服曰欲取國史記吳世家集解

傳乃見鱄設諸

賈曰吳勇士史記吳世家集解

傳琴張聞宗魯死

服曰賈逵鄭衆皆以爲子張卽顓孫師案七十子傳云子張少孔子四十

餘歲孔子是時四十一未有子張鄭賈之説不知所出本疏〇四當作三

傳君盍誅於祝固史嚚以辭賓

服曰祝固齊大祝史嚚大史也謂祝史之固陋嚚闇不能盡禮薦美至於

鬼神怒也本疏

傳上下無怨

服曰上下謂人神無怨本疏

傳一氣

服曰歌氣也 釋文○本疏

傳六律七音

服曰七律爲七器音黃鍾爲宮林鍾爲徵大簇爲商南呂爲羽姑洗爲角應鍾爲變宮蕤賓爲變徵外傳曰武王克商歲在鶉火月在天駟日在析木之津辰在斗柄星在天黿鶉火及天駟七列也南北之揆七月也凫氏爲鍾以律計自倍半一縣十九鍾鍾七律十二縣二百二十八鍾爲八十四律此一歲之閏數 周禮小胥凡縣鍾磬疏

服曰黃鍾之均黃鍾爲宮太族爲商姑洗爲角林鍾爲徵南呂爲羽應鍾爲變宮蕤賓爲變徵一懸十九鍾十二懸二百二十八鍾八十四律 魏書樂志

傳八風

賈曰兌爲金爲閶闔風也乾爲石爲不周風也坎爲革爲廣莫風也艮爲

匏爲融風也震爲竹爲明庶風也巽爲木爲清明風也離爲絲爲景風也坤爲上爲涼風也 本疏

傳古之遺愛也

賈曰愛惠也 史記鄭世家集解

昭二十一年

經宋華亥向寧華定自陳入于宋南里以叛

賈曰書入華貙兄弟作亂召而逆之 本疏

傳亟言之

服曰亟疾也疾言之欲使信 本疏

傳而不能送亡君請之

服義 服虔以君上屬 本疏

傳曰不狎鄙

服曰狎更也子城謂華豹曰不更射爲鄙一曰城言我不狎習故鄙 本疏

昭二十二年

經劉子單子以王猛居于皇

賈義 劉賈許潁雜取晉人執季孫以歸劉子單子以王猛居于皇尹氏召伯毛伯以王子朝奔楚隨示以義 釋例及會例

傳王子朝賓起有寵於景王

賈曰景王之長庶子 史記周本紀集解

傳王與賓孟說之欲立之

賈曰賓孟子朝之傅也王愛子朝因愛其傅故朝起並有寵於景王也王與賓孟並談說之欲立朝爲大子 本疏

傳王弗應

服義 賈逵以爲大子壽卒景王不立適子鄭衆以爲壽卒王命猛代之

後欲廢猛立朝耳服虔以賈爲然 本疏

傳敗績于前城

服曰前讀爲泉周地也 水經伊水注

傳己丑敬王卽位

賈曰敬王猛母弟 史記周本紀集解

昭二十三年

經戊辰吳敗頓胡沈蔡陳許之師于雞父

賈曰雞父之戰夷之故不書晦 釋例

賈曰不國國書師惡其同役而不同心 本疏

傳王師在澤邑

賈曰澤邑周地也 史記周本紀集解

傳使各居一館

服曰賈逵云使邾魯大夫各居一館鄭衆云使叔孫子服回各居一館邾魯大夫本不同館無爲復言使各居一館也欲分別叔孫與子服回不得相見各聽其辭耳賈氏近之 本疏

傳戊辰晦戰于雞父

服義　劉炫用服虔義云不書楚楚諱敗不告 本經疏

傳乃縊於薳澨

服曰或謂之邑或謂之地 水經三澨地注

傳明其五候

賈服曰五候五方之候也敬授民時四方中央之候 本疏

〇杜本作伍正義曰賈服王董皆作五候

昭二十四年

傳及鍾離而還

服曰鍾離州來西邑也　史記吳世家集解

○昭二十四年服虔載賈逵語云是歲孟僖子卒屬其子使事仲尼仲尼時年三十五　襄三十一年傳然明曰疏○孔子世家索隱引下一句

昭二十五年

經秋七月上辛大雩季辛又雩

賈曰上辛不注　本疏

傳爲六畜五牲三犧

服曰五牲麋鹿熊狼野豕三犧雁鶩雉也　本疏

傳民有好惡喜怒哀樂生于六氣

賈曰好生於陽惡生於陰喜生於風怒生於雨哀生於晦樂生於明　本疏

服義　服虔左傳之注以爲好生於陽惡生於陰喜生於風怒生於雨哀生於晦樂生於明　詩烝民疏

傳師己曰異哉吾聞文成之世童謠有之

賈曰師己魯大夫也文成魯文公成公 史記魯世家集解○今本成作武以石經宋本岳本史記漢書論衡文選注史通及此注考之則今本誤也

傳季氏介其雞

賈曰擣芥子爲末播其雞翼可以坌郈氏雞目 本疏

服曰擣芥子播其雞羽可以坌郈氏雞目 史記魯世家集解○儀禮少牢饋食禮佐食遷肵俎于阼階西疏引上句

傳郈氏爲之金距

服曰以金錔距 史記魯世家集解○儀禮少牢饋食禮佐食遷肵俎于阼階西疏

傳平子怒益宮於郈氏

服曰怒其不下己也侵郈氏之宮地以自益 史記魯世家集解

傳臧昭伯之從弟會

賈曰昭伯臧孫賜也　史記魯世家集解

傳拘臧氏老

服曰老臧氏家之大臣　史記魯世家集解

傳請囚于費弗許請以五乘亡弗許

服曰費季氏邑言五乘自省約以出　史記魯世家集解

傳公使郈孫逆孟懿子

賈曰懿子仲孫何忌　史記魯世家集解

傳執冰而踞

賈曰冰櫝丸蓋也　本疏

服曰冰櫝丸蓋　詩大叔于田疏

傳自莒疆以西請致千社

賈曰二十五家爲一社千社二萬五千家也史記齊世家集解

傳十二月庚辰齊侯圍鄆

賈曰魯邑史記魯世家集解

賈曰不書圍鄆人自服不成圍本疏

昭二十六年

經三月公至自齊居于鄆

賈曰季氏示欲爲臣故以告廟本疏

經尹氏召伯毛伯以王子朝奔楚

賈義　劉賈許潁潁雜取晉人執季孫以歸劉子單子以王猛居于皇尹氏召伯毛伯以王子朝奔楚隨示以義釋例及會例

傳春王正月庚申齊侯取鄆

服義　服虔以爲往年齊侯取鄆實圍鄆耳經於圍書取傳實其事故於

是言取（本疏）

傳申豐從女賈

賈曰申豐女賈魯大夫（史記魯世家集解）

傳粟五千庾

賈曰十六斗爲庾五千庾八萬斗（史記魯世家集解）

傳然據有異焉

服曰異猶恠也（史記魯世家集解）

傳七月己巳劉子以王出

服曰出成周也（本疏）

傳使汝寬守關塞

服曰南山伊闕是也（太平御覽卷四十二）

傳昔文武克殷

服曰文王受命武王伐紂故云文武克殷　本疏

○服本如此正義曰諸本悉作武王克殷疑誤也然則今本作成王者誤尤甚矣

傳諸侯釋位以間王政

服曰言諸侯釋其私政而佐王室　魏志武帝紀建安十八年注○文選卷三十五潘元茂冊魏公九錫文注無言字

傳玩求無度

服曰玩貪也　本疏

○服本如此正義曰本或作規謬也

傳美哉室其誰有此乎

服曰景公自恐德薄不能久享齊國故曰誰有此也　史記齊世家集解

昭二十七年

傳使公子掩餘公子燭庸帥師圍潛

賈曰二公子皆吳王僚之弟 史記吳世家集解○本疏

傳使延州來季子聘于上國

服曰上國中國也 本疏

傳以觀諸侯

服曰察彊弱 史記吳世家集解

傳楚莠尹然王尹麇帥師救潛

服曰王尹主宮內之政 本疏

○杜本王作工服本如此

傳左司馬沈尹戌帥都君子與王馬之屬以濟師

賈曰都君子在都邑之士有復除者 本疏

傳此時也

賈曰時言可殺王時也史記吳世家集解

傳上國有言

賈曰上國與中國同釋文

賈曰上國中國也本疏

服曰上國上古國也釋文

服曰上國謂上古之國賢士所言也本疏

傳不索何獲

服曰不索當何時得也史記吳世家集解

傳我王嗣也吾欲求之

服曰夷昧生光而廢之庶者夷昧之僚兄夷昧卒僚代立故光曰我王嗣也本疏

傳母老子弱是無若我何

服曰母老子弱專諸託其母子於光也 史記吳世家集解

服曰是無若我何猶言我無若是何 史記吳世家索隱

傳我爾身也

服曰言我身猶爾身也 史記吳世家集解

傳鱄設諸寘劍於魚中以進

服曰全魚炙也 史記吳世家集解

傳鈹交於胷

賈曰交專諸匈也 史記吳世家集解

傳哀死事生以待天命

服曰待其天命之終也 史記吳世家集解

傳復命哭墓

服曰復命於僚哭其墓也 史記吳世家集解

傳取五甲五兵

服曰兵戟也 本疏

傳國人投之遂弗爇也令尹炮之

服曰民不肯爇也鄢將師稱令尹使女燔炮之 本疏

傳使宰獻而請安

服曰主人請安謂主人使司正請安于賓 本疏

昭二十八年

傳昔有仍氏生女黰黑而甚美光可以鑑名曰玄妻

賈曰美髮爲黰 本疏

服曰髮美爲鬒詩云鬒髮如雲其言美長而黑以髮美故名玄妻 詩君子偕老疏

傳貪惏無饜忿纇無期謂之封豕

賈曰惏者食也 本疏

服曰忿怒其類以蠹其私無期度也 本疏

○杜本類作纇釋文云服作類

傳心能制義曰度

服曰心能制事使得其宜言善揆度事也 詩皇矣疏

傳德正應和曰莫

服曰在己爲德施行爲音發號施令天下皆應和之言皆莫然而定旡讙譁也 詩皇矣疏

傳照臨四方曰明

服曰豫見安危也 詩皇矣疏

傳教誨不倦曰長

服曰教誨人以善不解倦言善長人以道德也 詩皇矣疏

傳慈和徧服曰順

服曰上愛下曰慈和中和也爲上而愛下行之以中和天下徧服從而順之 詩皇矣疏

傳擇善而從之曰比

服曰比方損益古今之宜而從之 詩皇矣疏

傳經緯天地曰文

服曰德能經緯順從天地之道故曰文 詩皇矣疏

昭二十九年

傳齊侯使高張來唁公稱主君

服曰大夫稱主比公於大夫故稱主君 史記魯世家集解

傳故國有豢龍氏有御龍氏

賈曰豢養也穀食曰豢 史記夏本紀集解

服曰豢養也穀食曰豢御亦養也養馬曰圉 本疏

傳帝賜之乘龍河漢各二

服曰河漢各二乘 釋文

服曰四頭爲乘四乘十六頭也 本疏

傳陶唐氏既衰其後有劉累

服曰後劉累之爲諸侯者夏后賜之姓 史記夏本紀集解

傳以更豕韋之後

賈曰劉累之後至商不絕以代豕韋之後祝融之後封於豕韋殷武丁滅之以劉累之後代之 史記夏本紀集解

傳夏后饗之既而使求之懼而遷于魯縣

賈曰夏后既饗而又使求致龍劉累不能得而懼也 史記夏本紀集解

傳官宿其業

服曰宿思也今日當預思明日之事如家人宿火矣 本疏

傳鬱湮不育

賈曰鬱滯也湮塞也 本疏

傳木正曰句芒

賈曰摠言萬物句芒非專木正如句 本疏

賈曰句芒祀於戶 下土正曰后土疏

傳火正曰祝融

賈曰夏陽氣明朗祝甚也融明也 本疏

賈曰祝融祀於竈 下土正曰后土疏

傳金正曰蓐收水正曰玄冥土正曰后土

賈曰蓐收祀於門玄冥祀於井后土祀於中霤 本疏

傳龍水物也水官弃矣故龍不生得

先儒曰龍爲東方之獸是北方水官之物也水官廢矣故龍不生得 本疏

傳其同人曰

服曰天在上火炎上同于天天不可同故曰同人 本疏

傳少皞氏有四叔

賈曰少皞黃帝之後金天氏也四叔四子皆叔 太平御覽卷五百三十二

傳世不失職遂濟窮桑

賈曰處窮桑以登爲帝故天下號之曰窮桑帝 本疏〇路史後紀卷七

賈義 賈以濟爲渡也言四叔子孫世不失職遂渡少皞之世 本疏

服曰窮桑顓頊所居 路史後紀卷八

傳有烈山氏之子曰柱

賈曰烈山炎帝之號 本疏

傳遂賦晉國一鼓鐵以鑄刑鼎

服曰鼓量名也曲禮曰獻米者操量鼓取晉國一鼓鐵以鑄之 本疏

昭三十年

傳春王正月公在乾侯不先書鄆與乾侯非公且徵過也

服曰非公且徵過昭公無道久在外季氏非公不敢釋言公在某地春秋之義亦以不書徵季氏之過此年書者公不得入晉外內有困辱季氏閔而釋之所謂事君如在國 本疏

昭三十一年

經冬黑肱以濫來奔

賈曰三叛人以地來奔不書叛謂不能專也 釋例諸叛例

傳不絕季氏而賜之死

服曰言賜不使死是爲以死賜之 本疏

傳十二月辛亥朔日有食之是夜也趙簡子夢童子羸而轉以歌旦占諸史

墨曰吾夢如是今而日食何也對曰六年及此月也吳其入郢乎終亦弗克入郢必以庚辰日月在辰尾庚午之日日始有謫火勝金故弗克

服曰是歲歲在析木後六年在大梁大梁水宗十一月日在星紀爲吳國分楚之先顓頊之子老童童子楚象行歌象楚走哭姬姓日月在星紀星紀之分姬姓吳也楚衰則吳得志吳世世與楚怨楚走去其國故曰吳其入郢吳屬水水數六十月水位故曰六年及此月也有適而食故知吳終亦不克後六年定四年十一月閏餘十七閏在四月後其十一月晦晦庚辛吳入郢在立冬後復此月也十二月辛亥日會月於龍尾而食庚午日初有適故曰庚辰一日日月在辰尾尾爲亡臣是歲吳始用子胥之謀以伐楚故天垂象午火庚金也火當勝金而反有適故爲不克晉諸侯之霸與楚同盟趙簡子爲執政之卿遠夷將伐同盟曰應之食故夢發簡子　周禮占夢以日月星辰疏

服曰史墨晉史蔡墨 史記魯世家集解

昭三十二年

經春王正月公在乾侯取闞

賈曰昭公得闞季氏奪之不用師徒 本疏

經冬仲孫何忌會晉韓不信齊高張宋仲幾衞世叔申鄭國參曹人莒人薛人杞人小邾人城成周

賈曰魯有昭公難故會而不盟 本疏

傳夏吳伐越始用師於越也史墨曰不及四十年越其有吳乎越得歲而吳伐之必受其凶

賈曰歲星所在其國有福吳先用兵故反受其殃 本疏

服曰歲星在星紀吳越之分野蔡復之歲歲在大梁距此十九年昭十五年有事於武宮之歲龍度天門龍歲星也天門在戌是歲越過故今年

越得歲龍東方宿天德之貴神其所在之國兵必昌向之以兵則凶吳越同次吳先舉兵故凶也或歲星在越分中故云得歲史墨知不及四十年越有吳者以其歲星十二年一周天存亡之數不過三紀三者天地人之數故歲星三周星紀至玄枵哀二十二年越滅吳至此三十八年　周禮保章氏以十有二歲之相疏

服曰有事于武宮之歲龍度天門　昭九年傳歲五及鶉火疏○周禮馮相氏掌十有二歲疏引下句

左傳賈服注攟逸定公弟十一

定元年

傳春王正月辛巳晉魏舒合諸侯之大夫于狄泉

服曰狄泉在洛陽東北周之墓地水經穀水注

定三年

經春王正月公如晉至河乃復

賈曰剌緩朝見辭失所不諱罪己本疏

傳有兩肅霜馬

賈曰色如霜紈本疏

〇杜本作爽馬正義曰爽或作霜賈本蓋然

定四年

傳嘖有煩言

賈曰嘖至也 本疏

傳君行師從卿行旅從

服曰謂會同 詩黍苗疏

傳將長蔡於衞

服曰載書使蔡在衞上 史記管蔡世家集解

傳蔡叔康叔之兄也

賈曰蔡叔周公兄 本疏

傳備物典策

服曰備物國之職物之備也 本疏

傳而封於少皥之虛

賈曰少皥居窮桑登爲帝 本疏

傳分康叔以大路少帛綪茷旃旌大呂

賈曰大路金路也少帛雜帛也綪茷大赤也通帛爲旃析羽爲旌大呂鍾名史記衞世家集解

傳甚閒王室

賈曰甚毒閒亂本疏

傳黄父之會

賈曰黄父會在昭五年太平御覽卷三百九十

傳楚子取其妹季芊畀我以出

服曰畀我季芊之字釋文○字字疑當作弟

服曰季芊許嫁而字畀我季芊弟也本疏

傳王使執燧象以奔吳師

賈曰燧火燧也象象獸也以火繫其尾使奔吳師驚却其衆使王得脱

本疏

傳王奔郥

服曰郥楚縣 史記吳世家集解

傳平王殺吾父

服曰父曼成然 史記楚世家集解

傳以王奔隨

服曰隨楚與國也 史記吳世家集解

傳初伍員與申包胥友

服曰楚大夫王孫包胥 史記楚世家集解

定五年

經夏歸粟于蔡

賈曰不書所會後也 本疏

傳而自稷會之

賈曰楚地也　史記楚世家集解

定六年

傳君將以文之舒鼎成之昭兆

賈曰舒鼎鼎名昭兆寶龜　本疏

傳於是乎遷郢於鄀

服曰鄀楚邑　史記吳世家集解

定七年

經九月大雩

賈曰旱也　本疏

傳齊人歸鄆陽關

服曰陽關魯邑　史記魯世家集解

定八年

經二月公侵齊三月公至自侵齊

賈曰還至不月爲曹伯卒月 公羊本經疏

傳我無勇吾志其目也

服曰志中其目是非其誠詐以自矜 儀禮大射大師不興疏

傳顔高之弓六鈞

服曰三十斤爲一鈞六鈞百八十斤是爲弓力一石五斗也 玉燭寶典仲春

先儒曰石百二十斤也 禮記喪大記君喪子大夫公子疏

傳主人出師奔

賈義　賈逵以爲主人出魯師奔走而郤退言魯先戰備也 本疏

傳魯於是始尚羔

賈曰周禮公之孤四命執皮帛卿三命執羔大夫再命執鴈魯廢其禮三

命之卿皆執皮帛至是乃始復禮尙羔 本疏

傳冬十月從祀先公而祈焉

服曰自躋僖公以來昭穆皆逆 禮記禮器孔子曰臧文仲疏

傳取寶玉大弓以出

先儒義 自劉歆以來說左氏者皆以爲夏后氏之璜封父之繁弱成王

所以分魯公也 本經疏

定九年

傳載葱靈

賈曰葱靈衣車也有葱有靈 本疏

傳皙幘而衣貍製

服曰貍製貍裘也 詩七月疏

傳齊侯謂夷儀人曰得敝無存者以五家免

服曰是時齊克夷儀而有之既爲齊有故齊得優其傜役也本疏

定十年

傳夏公會齊侯于祝其實夾谷

服曰東海郡祝其縣也史記周本紀集解

服曰東海祝其縣是也史記齊世家集解

服曰地二名水經淮水注

傳齊師出竟而不以甲車三百乘從我者有如此盟

賈曰不書盟諱以三百乘從齊師本疏

傳且犧象不出門嘉樂不野合

服曰犧象饗禮犧尊象尊也嘉樂鍾鼓之樂也詩鼓鍾疏

傳齊人來歸鄆讙龜陰之田

服曰三田汶陽田也龜山名陰之田得其田不得其山史記孔子世家集解

賈服曰上二邑邑內人民多故舉邑名龜陰言田者龜是山名直得田而不得邑　公羊本傳疏

定十二年

傳仲由爲季氏宰將墮三都

服曰仲由子路　史記魯世家集解

服曰三都三家之邑也　史記孔子世家集解

傳公與三子入于季子之宮

服曰三子季孫孟孫叔孫也　史記孔子世家集解

傳入及公側

服曰人有入及公之臺側　史記孔子世家集解

傳仲尼命申句須樂頎下伐之

服曰申句須樂頎魯大夫　史記孔子世家集解

傳公斂處父

服曰成宰也 史記孔子世家集解

定十三年

傳歸我衞貢五百家吾舍諸晉陽

服曰往年趙鞅圍衞衞人恐懼故貢五百家鞅置之邯鄲又欲更徙於晉陽 史記趙世家集解

傳歸告其父兄

服曰午之諸父兄及邯鄲中長者 史記趙世家集解

傳趙稷涉賓以邯鄲叛

服曰稷午子 史記趙世家集解

傳茫皐夷

服曰茫氏之側室子 史記趙世家集解

傳梁嬰父嬖於知文子

賈曰梁嬰父晉大夫也 史記趙世家集解

傳荀躒言於晉侯曰

服曰荀躒智文子 史記趙世家集解

傳今三臣始禍

賈曰范中行趙也 史記趙世家集解

傳韓魏以趙氏爲請

服曰以其罪輕於荀范也 史記趙世家集解

定十四年

經五月於越敗吳子檇李

賈曰檇李越地 史記吳世家集解

傳使死士再禽焉

賈曰死士死罪人也 史記吳世家集解

傳衛侯爲夫人南子召宋朝會于洮

賈曰南子宋女 史記衛世家集解

服曰衛侯爲夫人南子召宋朝故與宋公會于洮 本疏

傳謂戲陽速曰

賈曰戲陽速大子家臣 史記衛世家集解

定十五年

經齊侯衛侯次于渠蒢

賈曰欲救宋善恤鄰也 公羊本經疏

左傳賈服注攟逸哀公弟十二

哀元年

傳使疆于江汝之間而還

服曰蔡使楚進疆於故江國與汝水之間 本疏

傳吳王夫差敗越于夫椒

賈曰夫椒越地 史記吳世家集解

傳保于會稽

賈曰會稽山名 史記吳世家集解

傳因吳大宰嚭以行成

服曰行成求成也 史記吳世家集解

傳昔有過澆殺斟灌以伐斟鄩滅夏后相

賈曰過國名也斟灌斟鄩夏同姓也夏后相依斟灌而國故曰殺夏后相也 史記吳世家集解○本疏引下二句宋本曰作因

服曰夏后相啓之孫 史記吳世家集解

傳后緡方娠

賈曰緡有仍之姓也 史記吳世家集解

傳歸于有仍

賈曰有仍國名后緡之家 史記吳世家集解

傳生少康焉

服曰后緡遺腹子 史記吳世家集解

傳逃奔有虞

賈曰有虞帝舜之後 史記吳世家集解

傳而邑諸綸

賈曰綸虞邑 史記吳世家集解
傳有田一成有衆一旅
賈曰方十里爲成五百人爲旅 史記吳世家集解
傳以收夏衆撫其官職
服曰因此基業稍收取夏遺民餘衆撫脩夏之故官憲典 史記吳世家集解
傳祀夏配天
服曰以縣配天也 史記吳世家集解
傳不失舊物
賈曰物職也 史記吳世家集解
傳越十年生聚而十年教訓
服曰令少者無娶老婦老者無娶少婦女十七不嫁男二十不娶父母有罪也將生子以告與之醫饋之餼也死者釋其征必哭泣葬埋如其子

也孺子遊者必餔歠之也非手所種夫人所織不用十年不收於國 本疏

傳在軍熟食者分而後敢食

服曰以其半分軍士而後自食其餘若單醪注流也 本疏

哀二年

經秋八月甲戌晉趙鞅帥師及鄭罕達戰于鐵鄭師敗績

○杜本罕達之下有帥師二字公羊疏曰諸家之經皆有唯服引經者無也 公羊本經疏

傳故賂以漷沂之田而受盟

服曰（季孫斯所以不與盟者）季孫斯尊卿與仲孫氏伐敵服而使二子盟

服曰（季孫斯所以不與盟者）季孫尊卿敵服先歸使二子與之盟 本疏

傳子南僕

賈曰僕御也　史記衛世家集解

傳郢不足以辱社稷君其改圖

服曰郢自謂己無德不足立以汙辱社稷　史記衛世家集解

傳三揖在下

服曰三揖卿大夫士土揖庶姓時揖異姓天揖同姓　本疏

傳八人衰絰僞自衞逆者

服曰衰絰爲若從衞來迎大子也　史記衛世家集解

傳志父無罪

服曰趙鞅入晉陽以畔後得歸改名志父春秋仍舊猶書趙鞅　釋文

服曰趙鞅入于晉陽以叛諸侯之策書曰晉趙鞅以叛既復更名志父

本疏

傳鄆無恤

服曰王良也　本疏

哀三年

傳火踰公宮桓僖災

服曰季氏出桓公又爲僖公所立故不毀其廟　下孔子在陳疏

服曰（經不言及者）俱在迭毀故不言及　下孔子在陳疏

傳孔子在陳聞火曰其桓僖乎

服曰桓僖當毀而魯事非禮之廟故孔子聞有火災知其必桓僖也　史記孔子世家集解

傳召正常

服曰召而問兒死意　本疏

哀四年

傳襲梁及霍

服曰梁霍周南鄙也 水經汝水注

傳以畀楚師于三戶

服曰三戶漳水津也 史記項羽本紀正義

哀五年

傳寘群公子於萊

服曰萊齊東鄙邑 史記齊世家集解

傳萊人歌之曰景公死乎不與埋三軍之事乎不與謀師乎師乎何黨之乎

服曰萊人見五公子遠遷鄙邑不得與景公葬埋之事及國三軍之謀故愍而歌師衆也黨所也言公子徒衆何所適也 史記齊世家集解

哀六年

傳遂及高張晏圉弦施來奔

賈曰圉晏嬰之子 史記齊世家集解

傳潛師閉塗逆越女之子章

服曰閉塗不通外使也越女昭王之妾史記楚世家集解

傳楚子使問諸周大史

服曰諸侯皆有大史主周所賜典籍故曰周大史一曰是時往問周大史本疏

傳三代命祀祭不越望

服曰謂所受王命祀其國中山川爲望史記楚世家集解

傳夏書曰惟彼陶唐帥彼天常有此冀方今失其行亂其紀綱乃滅而亡

服曰夏桀時尙書堯典大題疏

服曰堯居冀州虞夏因之不遷居不易民詩魏譜疏

賈服義　賈服以爲逸書解爲夏桀之時本疏

傳八月齊邴意茲來奔陳僖子使召公子陽生

賈曰遺意茲來召　本疏

賈曰〔日月錯誤〕其說未聞　本疏

傳使毛遷孺子於駘

賈曰齊邑　史記齊世家集解

哀七年

傳周之王也制禮上物不過十二

賈曰周禮王合諸侯享禮十有二牢上公九牢侯伯七牢子男五牢　史記吳世家集解

傳知必危何故不言

服曰諸大夫誠知伐邾必危何故不早言也　本疏

傳衆君子立于社宮

服曰衆君子諸國君　本疏

賈曰社宮社也 史記曹世家集解

傳乃背晉而奸宋

賈曰以小加大 史記曹世家集解

哀九年

傳遇水適火

服曰兆南行適火卜法橫者爲土立者爲木邪向經者爲金背經者爲火

因兆而細曲者爲水 本疏

哀十年

傳吳子三日哭于軍門之外

服曰諸侯相臨之禮 史記吳世家集解

傳侵及賴而還

服曰賴齊邑 史記齊世家集解

哀十一年

傳公孫夏命其徒歌虞殯

賈曰虞殯遺殯歌詩 本疏

傳其有顛越不共則劓殄無遺育

服曰顛隕也越墜也顛越無道則割絕無遺也 史記吳世家集解

傳屬其子於鮑氏爲王孫氏

服曰鮑氏齊大夫 史記吳世家集解

傳使賜之屬鏤以死

服曰屬鏤劍名賜使自刎 史記吳世家集解

傳孔文子使疾出其妻而妻之

服曰文子衞卿也 史記孔子世家集解

傳胡簋之事

賈服曰夏曰胡 本疏

傳鳥則擇木木豈能擇鳥

服曰鳥喻己木以喻所之之國 史記孔子世家集解

傳季孫欲以田賦

賈義 賈逵以爲欲令一井之間出一丘之税井别出馬一匹牛三頭

本疏

哀十二年

經夏五月甲辰孟子卒

賈義 賈氏以爲言孟子若吳之長女也 釋例內女夫人卒葬例

傳公會吳于橐皐

服曰橐皐地名也 史記吳世家集解

傳若可尋也亦可寒也

賈曰尋溫也 禮記中庸故君子尊德性疏

服曰尋之言重也溫也寒歌也亦可寒而歌之 儀禮有司徹乃爇尸俎疏

傳侯伯致禮地主歸饋

服曰致賓禮於地主 本疏

哀十三年

傳王惡其聞也自剄七人於幕下

賈曰惡其聞諸侯 史記吳世家集解

服曰以絕口 史記吳世家集解

傳乃先晉人

賈曰外傳曰吳先歃晉亞之先叙晉晉有信又所以外吳 史記吳世家集解

哀十四年

經春西狩獲麟

賈曰周在西明夫子道繫周 本傳疏

賈曰書稱鳳凰來儀今麟不言來非外麟也 釋例得獲例

經小邾射以句繹來奔

賈曰此下弟子所記 本疏

服曰春秋終於獲麟故小邾射不在三叛人中也弟子欲明夫子作春秋以顯其師故書小邾射以下至孔子卒 杜預序先儒以爲疏

經夏四月齊陳恒執其君寘于舒州

賈曰陳氏邑也 史記齊世家集解

傳春西狩於大野叔孫氏之車子鉏商獲麟

服曰麟中央土獸土爲信信禮之子脩其母致其子視明禮脩而麟至思睿信立而白虎優言從乂成而神龜在沼聽聰知正則名川出龍貌恭性仁則鳳皇來儀 禮記禮運何謂四靈疏

服曰視明禮脩而麟至思睿信立白虎擾言從乂成則神龜在沼聽聰知正而名山出龍貌恭體仁則鳳皇來儀 詩麟趾疏○釋文引上一句而作則

服曰夫子以哀十一年自衞反魯而作春秋約之以禮故有麟應而至 杜預序先儒以爲疏

賈服曰賈服以爲孔子自衞反魯考正禮樂脩春秋約以周禮三年文成致麟麟感而至 本經疏

服曰言西者有意於西明夫子有立言立言之位在西方故著於西也 本疏

服曰大野藪名魯田圃之常處蓋今鉅野是也 史記孔子世家集解

服曰車車士微者也子姓鉏商名 本疏

服曰車子微者也鉏商名也 史記孔子世家集解

傳以爲不祥以賜虞人仲尼觀之曰麟也然後取之

服曰麟非時所常見故怪之以爲不祥也仲尼名之曰麟然後魯人乃取之也明麟爲仲尼至也 史記孔子世家集解

服曰仲尼名之曰麟明麟爲仲尼至也 本疏

傳闞止有寵焉

賈曰闞止子我也 史記齊世家集解

傳諸御鞅言於公

賈曰鞅齊大夫也 史記齊世家集解

傳子我夕

服曰夕省事 史記齊世家集解

傳陳逆殺之逢之

服曰子我將往夕省事於君而逢逆之殺人也 史記齊世家集解

傳陳氏方睦

服曰陳常方欲謀有齊國故和其宗族（史記齊世家集解）

傳使疾而遺之

服曰使陳逆詐病而遺也（史記齊世家集解）

傳子我盟諸陳於陳宗

服曰子我見陳逆得生出而恐爲陳氏所怨故與盟而請和也陳宗宗長之家（史記齊世家集解）

傳初陳豹欲爲子我臣使公孫言己

賈曰豹陳氏族也（史記齊世家集解）

賈曰公孫齊大夫也（史記齊世家集解）

傳我遠於陳氏矣且其違者不過數人

服曰言我與陳氏宗疎遠也違者不從子我者（史記齊世家集解）

傳彼得君弗先必禍子

服曰彼謂闞止也子謂陳常也 史記齊世家集解

傳子行舍於公宮

服曰止於公宮爲陳氏作內間也 史記齊世家集解

傳夏五月壬申成子兄弟四乘如公

服曰成子兄弟八人二人共一乘故曰四乘 史記齊世家集解

傳出逆之遂入閉門侍人禦之

服曰成子兄弟見子我出遂突入反閉門子我不得復入闔豎以兵禦陳氏 史記齊世家集解

傳子行殺侍人

服曰舍於公宮故得殺之 史記齊世家集解

傳公與婦人飲酒于檀臺成子遷諸寢

服曰當陳氏入時飲酒於此臺欲徙公令居寢也 史記齊世家集解

傳大史子餘

服曰齊大夫 史記齊世家集解

傳聞公猶怒將出

服曰出奔也 史記齊世家集解

傳所不殺子者有如陳宗

服曰陳宗先祖鬼神也 本疏

傳子我歸屬徒攻闈與大門

服曰會徒衆宮中之門曰闈大門公門也 史記齊世家集解

傳適豐丘

賈曰豐丘陳氏邑也 史記齊世家集解

傳殺諸郭關

服曰齊關名 史記齊世家集解

傳成子將殺大陸子方

服曰子方子我之黨大夫東郭賈也 史記齊世家集解

傳何以見魯衞之士

服曰子方將欲奔魯衞也 史記齊世家集解

哀十五年

傳將以尸入

服曰在牀曰尸在棺曰柩 本疏

傳書社五百

服曰書籍也 史記孔子世家集解

傳舍於孔氏之外圃

服曰圃園 史記衞世家集解

傳昏二人蒙衣而乘

服曰二人謂良夫大子蒙衣爲婦人之服以巾蒙其頭而共乘也 史記衞世家集解

傳孔氏之老欒寧問之

服曰家臣稱老問其姓名 史記衞世家集解

傳稱姻妾以告遂入適伯姬氏

賈曰婚姻家妾也 史記衞世家集解

服曰入孔氏家適伯姬所居 史記衞世家集解

傳孔伯姬杖戈而先

服曰光至孔悝所 史記衞世家集解

傳大子與五人介輿豭從之

賈曰介被甲也輿豭豚欲以盟故也 史記衞世家集解

傳遂刦以登臺

服曰於衞臺上召衞群臣 史記衞世家集解

傳使告季子

服曰季路爲孔氏邑宰故告之 史記衞世家集解

傳召護駕乘車

服曰召護衞大夫駕乘車不駕兵車也言無距父之意 史記衞世家集解

○杜本護作獲服本蓋如此

傳行爵食炙

服曰欒寧使召季路乃行爵食炙 史記衞世家集解

傳奉衞侯輒來奔

服曰召護奉衞侯 史記衞世家集解

傳遇子羔將出

賈曰子羔衞大夫高柴孔子弟子也將出犇 史記衞世家集解

傳弗及不踐其難

賈曰言家臣憂不及國不得踐履其難 史記衛世家集解

傳食焉不辟其難

服曰言食悝之祿欲救悝之難此明其不死國也 史記衛世家集解

傳公孫敢門焉曰無入爲也

服曰公孫敢衞大夫言輒已出無爲復入 史記衛世家集解

傳石乞盂黶敵子路

服曰二子蒯聵之臣敵當也 史記衛世家集解

傳君子死冠不免

服曰不使冠在地 史記衛世家集解

哀十六年

傳稱一人非名也

服曰天子自謂一人非諸侯所當名也　史記孔子世家集解○冊府元龜卷七百九十六

傳使處吳竟爲白公

服曰白邑名楚邑大夫皆稱公　史記楚世家集解

傳請以戰備獻

服曰欲陳士卒甲兵如與吳戰時所入獻捷　本疏

傳而以王如高府

賈曰高府府名也　史記楚世家集解

傳以如昭夫人之宮

服曰昭王夫人惠王母越女也　史記楚世家集解

哀十七年

紫衣狐裘

賈曰紫衣君服 本疏

國子實執齊秉

服曰秉權柄也 史記蔡澤列傳索隱

如魚竀尾

賈曰竀赤色魚勞則尾赤 本疏

服義 服氏亦爲魚勞 詩汝墳疏

衡流而方羊裔焉

賈曰横流方羊不能自安裔水邊言衞侯將若此魚 本疏

公望見戎州

賈曰戎州戎人之邑 史記衞世家集解

立公子起

服曰起靈公子 史記衞世家集解

哀二十年

吳公子慶忌驟諫吳子

服曰驟數也 詩將仲子疏

哀二十二年

請使吳王居甬東

賈曰甬東越東鄙甬江東也 史記吳世家集解

哀二十四年

是躗言也

服曰僞不信言也 釋文

服曰躗僞不信也 本疏

饟臧石牛

服曰牲生 儀禮聘禮餼之以其禮疏

左傳賈服注攟逸坿篇

隱元年

傳葬故有闕

言是以明禮闕故也 太平御覽卷五百五十三○是一本作事

隱三年

傳王子狐爲質於鄭鄭公子忽爲質於周

王子狐周平王之子忽鄭莊公太子忽也 太平御覽卷四百八十

傳取溫之麥

溫周地也蘇氏邑也 太平御覽卷四百八十

隱五年

傳叔父有憾於寡人

叔父有諫觀魚不聽也　太平御覽卷五百五十三

桓三年

經夏齊侯衞侯胥命于蒲

蒲甯殖邑也　初學記卷八

桓六年

傳接以大牢

接者子初生接見于父　太平御覽卷一百四十六

桓九年

傳冬曹大子來朝

曹大子桓公子莊公射姑　太平御覽卷一百四十六

傳賓之以上卿禮也

曹伯有故使其太子攝而朝曲禮曰諸侯之嫡子攝其君未誓於天子則

以皮帛繼子男如諸侯之上卿禮也上卿出入三積食三牢牽二牢一享一食宴之也 太平御覽卷一百四十六

傳初獻樂奏而歎

初獻酒如獻爵樂奏人上堂也初獻爵樂奏太子歎而哀樂也 太平御覽卷一百四十六

傳施父曰

魯大夫 太平御覽卷一百四十六

莊四年

傳授師子焉

子句子 周禮考工記冶氏是故倨句外博疏

莊八年

傳春治兵于廟

三年而治兵與秋同名兵革將出故曰治兵 周禮大司馬中春敎振旅節疏

莊二十三年

傳諸侯有王

有王朝於王 周禮小行人凡諸侯入王疏

閔二年

傳君其舍之

舍之置申生勿使將兵也 太平御覽卷一百四十六

傳不對

里克不對 太平御覽卷一百四十六

傳與其危身以速罪也

速召也疾也言太子不去身必危疾召罪狐突知其亂本既成而太子拘於一節不達至孝之義與皐落雖戰勝而歸猶不能免於難而使父有

悖惑殺子之罪故傳備衆賢之言以迹太子所以死也經在僖五年晉侯殺其太子申生 太平御覽卷一百四十六

僖四年

傳於是有以衮斂

衮斂者上公九命服衮也 太平御覽卷五百五十三

傳死王事加二等

謂朝天子以命用師 太平御覽卷五百五十三

僖五年

傳凡分至啓閉必書雲物爲備故也

分謂春秋分至謂冬夏至啓立春夏也陽氣用事爲啓閉立秋冬也陰氣用事爲閉雲五雲也風氣日月星辰也分至啓閉天地之大節陰陽之分也故遂登觀臺望氣以審妖祥變亂之氣先見於八節書其雲物之

形言其所致務爲之備也　太平御覽卷八

傳會于首止會王大子鄭

惠王以惠后故將廢大子鄭而立王子帶故齊桓帥諸侯會王大子以定其位　太平御覽卷一百四十六

僖七年

傳子華由是得罪於鄭

鄭伯罪之也　太平御覽卷一百四十六

僖九年

傳王使宰孔賜齊侯胙

胙膰肉周禮以脤膰之禮親兄弟之國不以賜異姓敬齊侯比之賓客　周禮大宗伯以脤膰之禮疏

周禮脤膰之禮親兄弟之國不以賜異姓尊齊侯客之若先代之後　周禮

大行人間問以諭諸侯之志疏

僖三十年

傳初鄭公子蘭出奔晉

公子蘭鄭文公賤妾燕姞之子穆公也鄭逐群公子故奔晉也 太平御覽卷一百四十六

傳請無與圍鄭

晉善蘭不忘本國故也 太平御覽卷一百四十六

傳使待命于東

待命於鄭東也 太平御覽卷一百四十六

僖三十三年

傳唯是脯資餼牽竭矣

餼死牢牽生牢 周禮掌客凡諸侯之禮疏

文二年

傳逆祀也

以惠公當昭隱公爲穆桓公爲昭莊公爲穆閔公爲昭僖公爲穆今升僖公於閔公之上爲昭閔公爲穆故云逆祀 周禮冢人掌公墓之地疏

○是與定八年服氏從祀之説合

文七年

傳秦康公送公子雍于晉

康公秦穆公太子罃晉出也 太平御覽卷一百四十六

傳故有呂郤之難乃多與之徒衛

呂甥郤芮欲焚公宮也衛徒兵也 太平御覽卷一百四十六

傳穆嬴日抱大子

穆嬴襄公夫人大子靈公 太平御覽卷一百四十六

傳將焉寘此

寘置也 太平御覽卷一百四十六

傳此子也才吾受子之賜不才吾唯子之怨

如子爲善教誨此子使之有賢才知人君之道也則吾受子之賜賜猶惠才而受賜美其教也不才怨子惡其教不至也 太平御覽卷一百四十六

傳今君雖終言猶在耳

君沒未久其言聲言氣尚在耳 太平御覽卷一百四十六

傳宣子與諸大夫皆患穆嬴且畏偪

言諸大夫患穆嬴之言以君顧命之言責己也畏偪迫無置公一曰畏他公子徒來相迫矣 太平御覽卷一百四十六

傳正德利用厚生謂之三事

正德人德利用地德厚生天德 周禮大司樂凡樂圜鍾爲宮疏

○是賈疏承上文云賈服與先鄭並不見古文尚書故引春秋也則此蓋賈服之注

文十一年

傳郕大子朱儒自安於夫鍾國人弗循

自安猶處也夫鍾郕邑 太平御覽卷一百四十六

循順也 太平御覽卷一百四十六

文十二年

傳郕人立君

立君改立君不命于天子 太平御覽卷一百四十六

傳大子以夫鍾與郕邽來奔

郕邽亦邑名也一曰郕邦之寶圭太子父在而自安於夫鍾國人以爲不順故郕伯卒而更立君太子以其國寶與地夫鍾來奔也 太平御覽卷一

百四十六

傳若使輕者肆焉其可

肆突言使輕銳之兵往驅突晉軍 周禮環人掌致師疏

宣十一年

傳使封人慮事

封人司徒之屬官 周禮大司馬大役與慮事疏

傳鄉取一人焉以歸謂之夏州

言取討夏徵舒之州 周禮州長各掌其州之敎治疏

宣十二年

傳守陴者皆哭

陴城也 太平御覽卷四百八十

傳孤不天

不爲天所祐 太平御覽卷四百八十

傳潘尫入盟子良出質

潘尫楚大夫師叔字也子良鄭公子也 太平御覽卷四百八十

宣十五年

傳高下在心

高下相屈申也 太平御覽卷四百九十五

傳國君含垢

含忍也垢恥也 太平御覽卷四百九十五

成二年

傳請曲縣

諸侯軒縣闕南方形如車輿是曲也 周禮小胥正樂縣之位疏

成九年

傳南冠而縶者誰也

南冠楚囚也縶拘蟄也　太平御覽卷六百四十二

襄九年

傳遇艮之八

爻在初六九三六四六五上九惟六二不變連山歸藏之占以不變者爲主　周禮大卜掌三易之法疏

襄十年

傳其將不免乎

免脫也言將不脫罪禍不以壽終也傳擧此者爲十九年齊殺其大夫高厚二十五年崔杼殺君光起本也　太平御覽卷一百四十六

襄十八年

傳吾驟歌北風又歌南風南風不競多死聲

北風夾鍾無射以北南風姑洗南呂南律氣不至故死聲多周禮大師執同律疏

○本疏及周禮保障氏疏所引服注義與此文不異

襄十九年

傳齊侯娶于魯曰顏懿姬無子其姪鬷聲姬生光

兄子曰姪懿姬所從也顏鬷皆其母姓懿聲謚也傳家從後言之故舉謚也太平御覽卷一百四十六

傳諸子仲子戎子戎子嬖仲子生牙屬諸戎子戎子請以爲太子許之

諸子妾生子也二子宋女公子牙也戎子子牙養之齊侯許之太平御覽卷一百四十六

傳廢常不祥

立長爲常立而廢之爲不祥也太平御覽卷一百四十六

傳間諸侯難

間犯謂光已列於諸侯難成　太平御覽卷一百四十六

傳今無改而廢之是專黜諸侯而以難犯不祥也

專獨也光比于諸侯列於盟不可黜也以難成之事犯不善　太平御覽卷一百四十六

傳崔杼微逆光疾病而立之

微隱匿也疾困也而立爲太子　太平御覽卷一百四十六

襄二十三年

傳閔子馬見之

閔子馬魯大夫閔馬父也　太平御覽卷四百三十二

襄二十四年

傳齊社蒐軍實

蒐數軍實兵甲器械 周禮獸人及弊田疏

襄二十六年

傳赤而毛

其身色赤而生毛也 太平御覽卷一百四十七

傳平公入夕

夕視也 太平御覽卷一百四十七

傳而視之尤

尤過也意悅之故視之過久 太平御覽卷一百四十七

傳姬納諸御嬖生佐

納之平公之御公嬖棄而生佐佐立爲宋元公 太平御覽卷一百四十七

傳惡而婉大子痤美而很

婉順也佐貌惡心順大子貌美而心很很戾不從敎 太平御覽卷一百四十七

傳寺人惠牆伊戾爲大子內師而無寵

寺人宋閹士惠伊皆發聲實爲牆戾名以公寺人爲大子內師長掌內官

太平御覽卷一百四十七

傳秋楚客聘於晉過宋

楚客過使 太平御覽卷一百四十七

傳夫不惡女乎

夫爲大子伊戾無寵於大子故曰夫不惡汝 太平御覽卷一百四十七

傳莫共其內

言我內師也當爲內師供內使也 太平御覽卷一百四十七

傳加書徵之

以書爲之徵驗也書盟書 太平御覽卷一百四十七

傳欲速

速疾也欲疾代公得位故與楚客謀共弑父也 太平御覽卷一百四十七

傳則信有焉

有盟也 太平御覽卷一百四十七

傳固聞之

固久也久聞大子欲爲亂 太平御覽卷一百四十七

傳左師聞之

聞大子與佐期日中 太平御覽卷一百四十七

傳過期乃縊而死

經書宋公殺其世子痤平公用伊戾之譖聽夫人左師之言言世子無罪而死故稱宋公殺罪之也 太平御覽卷一百四十七

昭二年

傳尸諸周氏之衢加木焉

書其罪於木以加尸上而皋之非禮故書殺以惡黑　周禮司烜氏軍旅修火禁

疏

○杜注無而字以下句是蓋先儒之注而杜襲其上半也

昭三年

傳火中寒暑乃退

火星季冬十二月平旦正在南大寒退季夏六月黃昏火中暑退此其極也能無退乎　周禮凌人掌冰疏

○詩七月疏所引服注義與此文不異

昭十二年

傳是能讀三墳五典八索九丘

三墳三皇時書五典五帝之常典八索二王之法九丘九州亡國之戒　周禮外史掌三皇五帝之書疏

○此不題注者之名賈疏下文云下有延叔堅馬季長等所說不同則此說蓋與延馬並爲服氏所收者也

昭十八年

傳梓愼登大庭氏之庫以望之

大庭氏古亡國之君在黃帝前其處高顯 周禮誦訓疏

○此雖不言注者之名而本疏引在黃帝前一句題曰服氏

昭十九年

傳夏許悼公瘧

許悼公靈公之子許男買瘧寒疾也 太平御覽一百四十七

傳五月戊辰飲大子止之藥卒

經書夏五月戊辰許世子殺其君買止悼公子襄大子也公疾不瘳止進藥雖嘗而不由醫 太平御覽卷一百四十七

傳書曰弑其君

禮醫不三世不服其藥君有疾飲藥臣先嘗之親有疾飲藥子先嘗之公疾未瘳而進藥雖嘗而不由醫而卒故國罪之書殺告於諸侯 太平御覽卷一百四十七

傳君子曰盡心以事君舍藥物可也

原止之無惡藥物不由醫無以知壽命有終故曰舍藥物可也一曰罪止非也刺無良史物讀爲勿止實孝能盡心事君舍藥勿以罪之 太平御覽卷一百四十七 ○一本下勿字作物字恐非也

昭二十年

傳賓將掫

謂行夜 周禮掌固夜三鼜疏

掫謂行夜 周禮鎛師凡祭祀疏

○此二條並不題注者名然掌固疏下文云彼賈服讀字與子春意異則蓋賈服逸注也

昭二十一年

傳先人有奪人之心

戰氣未定故也 周禮大司馬叉三鼓振鐸疏

傳後人有待其衰

待敵之衰乃攻 周禮大司馬叉三鼓振鐸疏

昭二十二年

傳賓孟適郊見雄雞自斷其尾問之侍者曰自憚其犧也

犧者以喻人之有純德實宜爲君 周禮牧人凡祭祀節疏

昭二十三年

傳南宮極震

南宮極王子朝之卿士也 太平御覽卷八百八十

傳先君之力可濟也

先君謂劉盆之父獻公也獻公亦欲立子猛不欲令子朝得國今南宮極震死爲天所弃先君之功事可成也 太平御覽卷八百八十

傳今西王之大臣亦震天弃之矣東王必大克

西王謂子朝也子朝居王城故謂之西王也東王敬王居狄泉狄泉在王城之東故曰東王也 太平御覽卷八百八十

昭二十五年

傳桐門右師見之

右師宋師樂大心也其室居桐門故曰桐門右師 周禮大司馬仲夏敎茇舍疏

傳有鸜鵒來巢書所無也

周禮曰鸜鵒不踰濟今踰宜穴而又巢故曰書所無也 周禮考工記材美工巧

疏

昭二十六年

傳令尹子常欲立子西

子西平王之長庶子宜申也 太平御覽卷一百四十七

傳大子壬弱其母非適也

大子壬昭王也秦嬴子也 太平御覽卷一百四十七

傳王子建實聘之子西長而好善立長則順建善則治王順國治可不務乎

子西怒曰是亂國而惡君王也

謂夫人言大子建聘之廢而不立是謂亂國追惡君王也 太平御覽卷一百四十七

傳國有外援不可瀆也

外援謂大子壬秦外孫瀆易也秦爲壬外援不可易 太平御覽卷一百四十七

昭二十八年

傳或賜二小人酒不夕食

昨飲酒醉故不夕食 太平御覽卷四百五十一

傳願以小人之腹爲君子之心屬厭而已

屬足二子自謂小人腹飢則恐食之不足厭飽則恐君亡君子居尊官食重祿而知不足故願以其腹爲君子之心 太平御覽卷四百五十一

昭二十九年

傳實能金木及水

能順其成性也 太平御覽卷五百三十二

傳顓頊氏有子曰黎爲祝融

黎火正官黎當高辛氏之世故外傳曰黎爲高辛氏火正也 太平御覽卷五百三十二

傳共工氏有子曰句龍爲后土

共工大皡之後炎帝之前霸九州者也其裔子佐顓頊能平水上 太平御覽卷五百三十二

傳稷田正也

掌田之官長后稷也 太平御覽卷五百三十二

傳有烈山氏之子曰柱

烈山炎帝之世烈山氏也 太平御覽卷五百三十二

傳周棄亦爲稷

周棄周祖后稷棄也爲唐虞夏后稷也 太平御覽卷五百三十二

傳自商以來祀之

商殷也柱之功至湯浸祀周棄以爲稷也 太平御覽卷五百三十二

定四年

傳殷民六族條氏徐氏蕭氏索氏長勺氏尾勺氏

殷民祿父之餘民三十六族六姓也 周禮掌邦國及萬民之約劑疏

傳分康叔以大路少帛綪茷旃旌大呂

復如分周公欲使康叔以化之 周禮司約掌邦國及萬民之約劑疏

〇此文云如分周公則知爲此注者以上魯公爲周公亦與杜以爲伯禽不同也

傳無始亂

无爲亂始 太平御覽卷三百九十

定九年

傳坐引者以師哭之

坐而飲食之 儀禮既夕禮屬引疏

哀三年

傳命藏象魏

象魏闕也法令懸之故謂其書爲象魏　太平御覽卷一百七十九

哀五年

傳齊燕姬生子不成而死

燕姬齊景公嫡夫人昭七年燕人所歸不成未冠　太平御覽卷一百四十七

傳諸子鬻姒之子荼嬖

諸子庶公子鬻姒景公妾也淳于人所納女荼安孺子　太平御覽卷一百四十七

傳諸大夫恐其爲子也言於公曰君之齒長矣未有大子若之何

爲子爲大子也荼少故恐立之言君年長未有大子一旦不諱當若之何

欲立早立長也　太平御覽卷一百四十七〇欲立之立字疑其字之誤

〇杜本傳爲子作爲大子此本無大字故注釋子爲大子

傳二三子間於憂虞則有疾疢亦姑謀樂何憂於無君

言二三子間於隣國憂虞則疾疢在其閒令無疾疢何爲不自謀自樂何憂無君乎　太平御覽卷一百四十七〇一本作言二三子當國家閒暇無憂虞惟恐疾疢在其閒下同於此而令作今

傳使國惠子高昭子立荼

國惠子國景之子國夏也高昭高姬之子高張也　太平御覽卷一百四十七〇一本高昭作昭子

傳寘群公子於萊

寘置萊齊東鄙邑欲使遠齊　太平御覽卷一百四十七

哀二十七年

陳成子屬孤子

屬會也孤子死事者之子也　太平御覽卷二百一

設乘車兩馬繫五邑焉

乘車兩馬大夫車服也繫五邑加之五邑也一曰兩飾也 太平御覽卷二百一

隰之役而父死焉

隰役在哀二十三年 太平御覽卷二百一